乡村振兴背景下农产品品牌创建路径与管理策略研究

章 萍 著

中国纺织出版社有限公司

内 容 提 要

品牌化是农业现代化的重要标志。目前，农产品市场的竞争已由有形市场的竞争转向无形市场即品牌的竞争。农产品品牌建设作为农产品生产经营者参与市场竞争的重要手段，对于提高农业效益具有重要的作用。农产品品牌建设是一项系统工程，与农产品的生产、加工、包装、流通和营销等环节息息相关。

本书重点研究了农产品品牌打造策略与管理策略，同时，汇集了国内多个农产品品牌建设的成功案例，并对这些案例进行了深度剖析。

本书可为政府相关部门、农产品销售企业，以及研究、从事乡村振兴、品牌农业建设的专业人士提供有益参考。

图书在版编目（CIP）数据

乡村振兴背景下农产品品牌创建路径与管理策略研究 / 章萍著 . -- 北京：中国纺织出版社有限公司，2024.3
ISBN 978-7-5229-1668-2

Ⅰ.①乡… Ⅱ.①章… Ⅲ.①农产品 - 品牌战略 - 研究 - 中国 Ⅳ.①F326.5

中国国家版本馆 CIP 数据核字（2024）第 074023 号

责任编辑：柳华君　　责任校对：高　涵　　责任印制：储志伟

中国纺织出版社有限公司出版发行
地址：北京市朝阳区百子湾东里 A407 号楼　邮政编码：100124
销售电话：010—67004422　传真：010—87155801
http://www.c-textilep.com
中国纺织出版社天猫旗舰店
官方微博 http://weibo.com/2119887771
三河市延风印装有限公司印刷　各地新华书店经销
2024 年 3 月第 1 版第 1 次印刷
开本：787×1092　1/16　印张：12
字数：219 千字　定价：98.00 元

凡购本书，如有缺页、倒页、脱页，由本社图书营销中心调换

Preface 前言

自2017年以来，每年的中央一号文件都会提及农产品品牌建设，并将其视为推进农业现代化的重要举措。如2017年中央一号文件《中共中央、国务院关于深入推进农业供给侧结构性改革加快培育农业农村发展新动能的若干意见》提出："推进区域农产品公用品牌建设，支持地方以优势企业和行业协会为依托打造区域特色品牌，引入现代要素改造提升传统名优品牌。"2018年中央一号文件《中共中央、国务院关于实施乡村振兴战略的意见》提出："深入推进农业绿色化、优质化、特色化、品牌化，调整优化农业生产力布局，推动农业由增产导向转向提质导向。推进特色农产品优势区创建，建设现代农业产业园、农业科技园。实施产业兴村强县行动，推行标准化生产，培育农产品品牌，保护地理标志农产品，打造一村一品、一县一业发展新格局。"2019年中央一号文件《中共中央、国务院关于坚持农业农村优先发展做好"三农"工作的若干意见》提出："健全特色农产品质量标准体系，强化农产品地理标志和商标保护，创响一批'土字号''乡字号'特色产品品牌。"2020年中央一号文件《中共中央、国务院关于抓好"三农"领域重点工作确保如期实现全面小康的意见》提出："继续调整优化农业结构，加强绿色食品、有机农产品、地理标志农产品认证和管理，打造地方知名农产品品牌，增加优质绿色农产品供给。"2021年中央一号文件《中共中央、国务院关于全面推进乡村振兴加快农业农村现代化的意见》指出："深入推进农业结构调整，推动品种培优、品质提升、品牌打造和标准化生产。"2022年中央一号文件《中共中央、国务院关于做好2022年全面推进乡村振兴重点工作的意见》指出："开展农业品种培优、品质提升、品牌打造和标准化生产提升行动，推进食用农产品承诺达标合格证制度，完善全产业链质量安全追溯体系。"

我国农产品品牌建设的实践证明，推进农产品品牌建设是发展现代农业的必由之路，是加快乡村经济振兴的重要措施，是转变农业发展方式、引领传统农业转型升级的主要方式，是从供给侧入手推动农业改革，实现农业增效、农民增收的重要途径，能够极大地提高我国农产品的国际市场竞争力。

为了更好地落实党中央、国务院关于坚定不移推进质量兴农、品牌强农，提高农业绿色化、优质化、特色化、品牌化水平，加快发展乡村特色产业的指示精神，贯彻农业农村部有关文件，加快我国农产品品牌建设步伐，笔者编写了本书。本书对农产品品牌创建的概念、过程、定位、要素设计、包装策略，以及品牌文化与品牌资产等方面进行了研究，并介绍、分析了一些国内农产品品牌经典案例。最后，还研究了农产品品牌管理的战略与策略。

由于笔者水平有限，书中错误和不足之处在所难免，诚望广大读者批评指正。

著 者
2023 年 10 月

Contents 目录

第一章　农产品品牌创建概述 1
　　第一节　农产品品牌概述 1
　　第二节　农产品品牌创建的关键 9
　　第三节　农产品品牌创建的过程 15

第二章　农产品品牌定位 21
　　第一节　农产品品牌定位的基本概念 21
　　第二节　农产品品牌定位的方法 26

第三章　农产品品牌要素设计 31
　　第一节　农产品品牌要素的内涵与意义 31
　　第二节　农产品品牌显性要素设计 35
　　第三节　农产品品牌形象识别系统 43

第四章　农产品品牌的包装策略 47
　　第一节　包装的含义及其分类 47
　　第二节　包装的功能与策略 56
　　第三节　农产品包装设计 60
　　第四节　农产品包装的新趋势 70

第五章　农产品品牌文化与品牌资产 79
　　第一节　农产品品牌文化的内涵 79

第二节　塑造农产品品牌文化 …………………………………… 82
　　第三节　农产品品牌资产概述 …………………………………… 85

第六章　国内农产品品牌经典案例分析 …………………………… 93
　　第一节　北京顺鑫农业品牌建设 ………………………………… 93
　　第二节　北京绿富隆品牌建设 …………………………………… 99
　　第三节　乳业品牌——光明乳业 ………………………………… 102
　　第四节　粮食品牌——赤峰小米 ………………………………… 107
　　第五节　水果品牌——阿克苏苹果 ……………………………… 114
　　第六节　药食两用物品品牌——长白山人参 …………………… 119
　　第七节　肉类品牌——苏尼特羊肉 ……………………………… 125
　　第八节　茶叶品牌——西湖龙井 ………………………………… 133

第七章　农产品品牌管理的战略 …………………………………… 139
　　第一节　农产品品牌管理的战略意义 …………………………… 139
　　第二节　农产品品牌管理的战略目标 …………………………… 143
　　第三节　农产品品牌管理的实施方法 …………………………… 150

第八章　农产品品牌管理策略 ……………………………………… 155
　　第一节　农产品品牌管理的主要步骤 …………………………… 155
　　第二节　农产品品牌的命名 ……………………………………… 157
　　第三节　农产品品牌的推广 ……………………………………… 161
　　第四节　农产品品牌价值的评估 ………………………………… 166
　　第五节　农产品品牌保护 ………………………………………… 178

参考文献 ……………………………………………………………… 185

第一章

农产品品牌创建概述

随着农产品商品化程度不断提高,农产品竞争已经从传统的价格竞争转向品质竞争、品牌竞争,农产品品牌建设日益受到重视。农产品品牌创建是提高农产品知名度和影响力、提升农产品市场竞争力的重要途径。

第一节 农产品品牌概述

一、品牌的含义与特征

(一)品牌的定义

品牌 Brand 一词最早起源于古挪威语 Brandr,当时的含义是通过在牲畜身上做标记起识别作用,到了中世纪的欧洲,手工艺匠人用这种打烙印的方法在自己的手工艺品上制作标记,以便顾客识别产品的产地和生产者。品牌可以是一种名称,也可以是一种标记或者是某些图案,用于区分不同销售者的产品或服务,从而使这群销售者与竞争者之间产生差别。在汉语中,品牌为"品"和"牌"的组合,意在借助"牌"来让消费者清楚识别不同的"品"。随着社会的不断发展,品牌的含义也不断发生变化,它已经不仅是一种标识,而是产品品质与服务的象征。美国市场营销协会（AMA）对品牌的定义：品牌是用以识别一个或一群产品或劳务的名称、术语、象征、记号或设计及其组合，用以和其他竞争者的产品或服务相区别。品牌的名称、术语、标记、符号、设计，或其组合我们称为品牌元素。

品牌的价值、文化和个性构成了品牌实质，其代表着卖者对交付给买者的产品特征、利益和服务的一贯性承诺，最佳品牌就是产品或服务质量的保证。品牌还是一个更复杂的象征，整体含义包含属性、利益、价值、文化、个性和用户六个层次：属性，产品给消费者带来的使用价值；利益，属性需要转化成具体的功能和情感利益；价值，品牌应该反映生产经营者的价值观；文化，品牌代表生产者倡导、遵守和践行的文化；个性，品牌代表着不同的生产经营者个性；用户，品牌体现了购买或使用这种产品的是消费者群体。

（二）品牌的特征

1. 品牌的表象性

品牌是企业的无形资产，不具有独立的实体，不占有空间，但它最原始的目的就是让人们通过一个比较容易记忆的形式来记住产品或企业，因此，品牌必须有物质载体，需要通过一系列的物质载体来表现自己，使品牌有形化。品牌的直接载体主要是文字、图案和符号，间接载体主要有产品质量、产品服务、知名度、美誉度、市场占有率。没有物质载体，品牌就无法表现出来，更不可能发挥品牌的整体效果。

2. 品牌的专有性

品牌是用以识别生产者或销售者所提供的产品或服务的。品牌拥有者经过法律程序的认定，享有品牌的专有权，有权要求其他企业或个人不能仿冒、伪造。

3. 品牌的信用性

品牌的本质是体现品牌产品生产者的信用，使消费者通过品牌联想到品牌产品在质量、功能、文化等方面的特征。

4. 品牌信息的丰富性

品牌既包括了名称、标志等显性要素，也向消费者传达了包括产品质量、营销服务、市场信誉等内在的信息，代表了品牌建设者的承诺和消费者的体验。

5. 品牌的价值性

品牌具有知名度与忠诚度，可以降低企业的成本，可以使商品获得较高的价格，品牌能够为企业带来竞争优势,因此,品牌是有价值的。

6. 品牌的系统性

品牌与产品本身、品牌拥有者、供应商、消费者、中间商、竞争者、大众媒体、政府、社会公众等利益相关群体共同构成了一个相互作用、相互影响的生态系统。品牌生态系统的管理是品牌理论研究的重要内容。

7. 品牌的扩张性

品牌具有识别功能,代表一种产品、一个企业。企业可以利用这一优点展示对市场的开拓能力,还可以帮助企业利用品牌资本进行企业扩张、资本扩张。

(三) 品牌的分类

品牌可以依据不同的标准划分为不同的种类。

1. 根据品牌的知名度和辐射区域划分

根据品牌的知名度和辐射区域可以将品牌分为地区品牌、国内品牌、国际品牌。

地区品牌是指在一个较小的区域之内生产销售的品牌,这些产品一般在一定范围内生产、销售,产品辐射范围不大,主要是受产品特性、地理条件及某些文化特性影响,属于地区性生产销售的特色农产品,例如烟台苹果、库尔勒香梨等。

国内品牌是指国内知名度较高,产品辐射全国,在全国销售的产品,例如,褚橙,佳沃等。

国际品牌是指在国际市场上知名度、美誉度较高,产品辐射全球的品牌,例如,新西兰的佳沛奇异果。

2. 根据品牌产品生产经营的不同环节划分

根据产品生产经营的所属环节可以将品牌分为生产商品牌和经营商品牌。生产商品牌是指制造商为自己生产制造的产品设计的品牌。经销商品牌是经销商根据自身的需求和对市场的了解,结合企业发展需要创立的品牌,如三只松鼠、维吉达尼等。对许多农产品生产的组织者来说,他们为更好地销售农产品而进行的品牌建设,属于使用生产者品牌,如合作社将品牌注册后拥有商标的所有权,享有盛誉的商标可以通过收取一定的特许权使用费的方式租借给他人使用,以此来扩大合作社的生产规模和实现更多的盈余;如果合作社的农户自己生产的农产品有品牌,由合作社进行产品的销售,也属于使用生产者品牌。在日本生协(生活协同组合)的商场中,可以看到有些农产品专柜中贴有种植农户的姓名和照片,农产品上有农户自己的标贴,这些农户自己的品牌也能够起到帮助顾客识别、促进产品销售的作用。

3. 根据品牌来源划分

依据品牌的来源可以将品牌分为自有品牌、外来品牌和嫁接品牌。自有品牌是企业依据自身需要创立的。外来品牌是指企业通过特许经营、兼并、收购或其他形式而取得的品牌。嫁接品牌主要指通过合资、合作方式形成的带有双方品牌的新产品。

4. 根据品牌的生命周期长短划分

根据品牌的生命周期长短可以将品牌分为短期品牌、长期品牌。

短期品牌是指品牌生命周期持续较短时间的品牌，由于某种原因在市场竞争中昙花一现或持续一时。长期品牌是指品牌生命周期随着产品生命周期的更替，仍能经久不衰、永葆青春的品牌。例如，历史上的老字号"全聚德"等。

5. 根据品牌产品内销或外销划分

依据产品品牌是针对国内市场还是国际市场可以将品牌划分为内销品牌和外销品牌。由于世界各国在法律、文化、科技等宏观环境方面存在巨大差异，一种产品在不同的国家市场上有不同的品牌，在国内市场上也有单独的品牌。品牌划分为内销品牌和外销品牌对企业形象整体传播不利，但由于历史、文化等原因，不得不采用，而对于新的品牌命名应考虑到国际化的影响。

6. 根据品牌的所属品类划分

根据品牌产品的所属行业不同可将品牌划分为食用饮料业品牌、农资产业品牌、生鲜产品品牌等几大类。

7. 根据品牌的原创性与延伸性划分

根据品牌的原创性与延伸性可将品牌划分为主品牌、副品牌、副副品牌。另外，也可将品牌分成母品牌、子品牌、孙品牌等。

二、农产品品牌的内涵

（一）农产品品牌的界定

农产品品牌不等同于农业品牌。农业品牌是指农业领域内，主体之间用于区别本地域、本企业、本企业产品等资源的所有标志、名称等标志性符号。农业品牌的外延要大于农产品品牌，农业品牌主要包括农业生产资料品牌、农业生产产品品牌、农业生产服务品牌。农业生产资料品牌和农业生产服务品牌虽然影响农产品品牌的建设，但不是消费者最关心的问题，而农业生产产品品牌，简称农产品品牌，才是消费者最关心的问题。因此，这里将农产品品牌界定为：附着在农产品上的某些独特的能够与其竞争者相区别的名称及标记。农产品品牌就是赋予生产出来的农产品一定的特殊标识，使农产品具有独特性，同时对消费者产生一定的吸引力，农产品品牌是农产品品质和服务的象征。

（二）农产品品牌的特征

农产品品牌代表了农产品拥有者与其消费者之间的关系性契约，向消费者传达了农产品信息的集合和承诺；农产品的质量标志、种质标志、集体品牌和狭义的农产品品牌的系统，使农产品品牌呈现出复杂性和多样性。

1. 复杂性和多样性

广义的农产品品牌包括农产品质量标志、农产品种质标志、农产品集体品牌和狭义农产品品牌。农产品品牌表现形式的复杂性是由农产品的特点决定的，农产品市场的逆选择现象严重，为了消除逆选择现象，必须由具备公信力的机构对农产品质量给予评价，然后将评价结果即质量等级标志和地理标志贴在农产品上，以方便消费者选择。质量标志和地理标志都是显示农产品具有某些特有的自然和人文特色功能的农产品标志；种质标志是农产品种子品种的标志，种子决定产品，离开了种质标志，人们就无法辨别该产品的属性及根源；集体品牌体现农产品的区域特征，帮助消费者认识农产品的出处；狭义农产品品牌是农产品质量、功能等特征的集中体现形式。以上这些表现农产品质量、特色的符号和标志都是农产品品牌的表现形式。

2. 自然性和区域性

古人云"橘生淮南则为橘，生于淮北则为枳"，对农产品而言，土地情况的不同，产出的农产品也会不同。农产品的品质在很大程度上依赖于当地的雨水、土质、温度、空气和湿度等各种环境因素。不像其他产品，农产品对自然条件和环境的依赖性很强。在不同地区，就算是同一个农产品品种，最终产出的农产品也会不同，这些不同体现在口感、外形、颜色和气味等方面。要产出好的农产品，就必须有最适合它的生长环境。因此，在农产品品牌建设中，自然环境的影响严重制约着农产品质量，成功的农产品品牌一般都具有明显的当地区域特点。

3. 不确定性和特殊性

工业品牌的主体是非常明确的，就是一般的企业，即产品的制造者与生产者。而农产品品牌与大多数工业品牌不同，其主体没有那么明确，有其特殊的一面。我国大部分地区的农业发展水平仍处于第二阶段，家家户户都有农产品，农户就是农产品生产者。分散且小规模的农户无法成为创建和培育农产品品牌的主体。目前而言，农业龙头企业、农民专业合作社和行业协会等大多数成为农产品品牌建设的主力军。同时，"地理标志"等地域品牌的申请创建，它的主体是这个地区的所有农户集体，一般来说属于地区所有农产品生产者所有，是所有农户的共同财富。在农民企业内部，农产品品牌又成为该组织内部所有农户的共同财富。

4. 困难性和外部性

农产品品牌生存比较困难。从农产品的生产过程来看，生产条件相对简单，科技含量也很少，农户只需露天操作即可。从市场的需求来看，市场要求农产品长时间和不间断地供应，但农产品生长本身有固有的时间周期。从流通领域来看，农产品是越新鲜越好，这也给流通带来了困难。农产品品牌要生存必须保持优良的品质，需要标准化、规模化生产，但管理众多的农户相当困难，成本较高。而且农产品初加工水平也不高，无法实现品牌的经济价值。另外，农产品品牌具有较突出的外部性问题。从品牌保护上来看，农产品区域品牌主体不确定，具有利益共享的特征。同一地区的农产品往往具有相似性，消费者很难区分这些农产品。当某一个农产品品牌产生经济效益时，也会给同类其他农产品带来收益。这种品牌的效益外部性给品牌保护带来了困难。从农产品品牌的培育上看，尤其是在农产品区域品牌中，它的主体是地区集体，管理起来很困难。那么，如果在这个地区中有个别的农户受到经济利益的诱惑，以次充好，降低品牌质量，损坏品牌整体形象，长期下去就会使消费者对该品牌不再信任，最终导致所有农户都无法从品牌中获益。

5. 附加性和复合性

跟工业产品品牌相比，农产品品牌不那么单一，往往有附加性，更具有复合性。在工业品牌中，企业创建的商标就是企业生产产品的代表，它一般就是企业的整体形象代表。而农产品品牌则不然，它的整体形象由农产品的"三品一标"组成。"一标"就是指企业创建的商标或者地理标志等品牌，"三品"指的是无公害产品、绿色食品和有机食品等关系农产品质量安全的品牌。"三品一标"是有机结合在一起的，不可分离。"三品"是农产品品牌的基本条件，"一标"只有在"三品"具有的前提下，才能真正树立其良好的农产品品牌。缺少了"三品"，农产品的品牌是不齐全的，整体形象难以树立。因此，农产品品牌的创建离不开对其"三品"的管理。

（三）农产品品牌的分类

因为农产品的独特性，其分类标准也表现出和其他品类品牌分类标准的差异性。农产品品牌按照不同的分类标准可以划分为不同的类别。

1. 根据品牌价值和农产品消费层次不同划分

根据品牌价值和农产品消费层次不同划分，农产品品牌可分为低档农产品品牌、中档农产品品牌、高档农产品品牌。以茶叶品牌为例，北茶老徐、瑞草园茶叶等品牌知名度相对较低，产品档次也相对较低；天福、竹叶青、吴裕泰等知名度较高，产品档次也较高；小罐茶作为新兴茶叶品牌，宣传推广力度大，品牌知名度高，产品档次也相对高档。

2. 根据行业差别划分

根据行业差别划分，农产品品牌可分为种植业农产品品牌、养殖业农产品品牌、水产业农产品品牌。佳沃蓝莓、宋梨、慈玉白菜等属于种植业农产品品牌，网易未央黑猪肉、顺科鸡蛋、京东跑步鸡、布莱凯特黑牛等属于养殖业农产品品牌，獐子岛海参、华岛海产品、海上粮仓、老尹家海参等属于水产品品牌。

3. 根据技术含量不同划分

根据技术含量不同划分，农产品品牌有传统农产品品牌、科技农产品品牌、高科技农产品品牌。以养猪行业为例，除了传统的温氏、牧原、新希望、六合等养殖品牌外，越来越多的高科技企业开始进入养猪行业，AI养猪正在兴起，比如阿里的"ET大脑"、京东的"猪脸识别"、网易的"音乐猪"等。

4. 根据知名度层次划分

根据知名度层次划分，农产品品牌可以划分为初创农产品品牌、知名农产品品牌、著名农产品品牌。以山东苹果区域公用品牌为例，著名的有烟台苹果，知名的有栖霞苹果、沂源苹果、旧店苹果，这些都是中国地理标志产品。

5. 根据品牌范围划分

根据品牌范围划分可以分为区域公用品牌、企业品牌、产品品牌。

区域公共品牌是指在某一特定区域环境内，以独特的自然资源、种植养殖技术或特定的加工工艺为基础，经过长期积累而形成的，区别于市场上同类竞争产品的农产品标志和符号。它的品牌权益不属于某个个人、企业或集团所有，而为区域内相关机构、企业等主体共同所有。且区域公共品牌不能注册为普通的商标，只能用集体商标和证明商标两种形式表现。区域公用品牌常以"区域名称+产品名称"构成，如沁州黄小米、莱阳梨、砀山酥梨、五常大米等。

企业品牌与区域公共品牌的"公共性"相比，其具有"专属性"，是由企业组织、企业或个人独自拥有的。企业品牌具有明显的竞争性和排他性，其他企业组织不能分享企业品牌所带来的利益。企业品牌的优点是经营者相较于区域公共品牌，更愿意主动去为品牌建设贡献力量。如中粮、北大荒、好想你、鑫荣懋等都是本土化的农产品企业品牌。

产品品牌的范围比企业品牌更小，只聚焦于某种产品，只是企业品牌的一部分，指向的是某类产品的名誉。通常一个产品品牌做砸了可以舍弃重来或直接放弃，而一个企业品牌做砸了却会影响该企业下属的所有产品的名誉。例如，鑫荣懋下面有佳沃、欢乐果园、天山1号、维多丽等产品品牌；北大荒下面有北大荒、九三、完达山等产品品牌。

6. 根据品牌家族决策分类

品牌家族决策是指所有的产品使用一个品牌，或是不同的产品使用不同的品牌。一般来说，根据品牌家族决策策略可分为四种形式：

（1）统一品牌策略。所有的产品采用一个统一的品牌，即家族品牌。采用家族品牌策略能减少品牌设计和广告宣传等费用，能够统一形象，有利于新产品在市场上较快较稳地立足，并能壮大合作社的声势，提高其知名度。新奇士合作社是美国十大合作社之一，也是世界上最大的水果蔬菜类合作社。该合作社聚集的6500多户成员产的水果统一使用"新奇士"（Sunkist）商标，销售的水果包括美国脐橙、巴伦西亚橙、柑橘、柠檬和葡萄柚等。统一品牌策略形成了新奇士的总体实力，据估算，新奇士品牌的无形资产已经高达10亿美元。但是使用该策略要注意个别产品出现问题对整个品牌的影响。

（2）个别品牌策略。对各种产品分别采用不同的品牌，即个别品牌。农产品生产经营产品种类多样、品类差别大，当产品质量明显分层或各具特色时，可以采用个别品牌策略，也即不同类别、质量、档次的产品分别采用不同的品牌名称。个别品牌策略能起到"隔离"作用，用品牌把不同的产品特征、档次、目标顾客的差异隔离开来，也能起到"保护"作用，当其中一个产品出现问题时，不会影响到其他产品。同时，个别品牌策略还能起到"激励"作用，企业不断推出新的品牌，给人以蒸蒸日上、欣欣向荣的感觉，有利于提高企业向心力，树立企业在社会上的良好形象。

（3）类别品牌策略。对不同类别或不同等级的产品使用不同的品牌。统一品牌策略可以减少支出，但难以协调不同产品的差异和特色；个别品牌策略能突出不同产品的特点，但由于过于细分，投入比较大，甚至有些浪费；类别品牌则兼顾了统一品牌和个别品牌两种策略的好处，非常适合企业生产经营截然不同的产品类别的情况。例如，浙江省瑞安市梅屿蔬菜专业合作社注册了"强绿"牌番茄和"绿印象"牌精品蔬菜两大品牌，思远农业注册了"熊蜂子"牌西红柿和"思远庄园"品牌蔬菜，既能突出不同类别产品的特点，又有利于节省费用。

（4）"组织名称+个别品牌"策略。将组织名称与个别品牌结合在一起使用。通过在个别品牌名称之前冠以组织名称或将两者直接结合在一起使用，可以使产品借助和享受组织已有的形象、信誉，而个别品牌又可使产品各具特色。企业使用"组织名称+个别品牌"策略既可以区分产品，又能够区分组织中的不同成员，还能起到为不同的成员创造各自发展平台的功效。例如，印度阿牟尔牛奶合作社除了拥有品牌"阿牟尔"（Amul）外，还拥有一系列品牌，如"阿牟尔斯碧丽"（Amulspray）、"阿牟尔斯碧瑞"（Amulspree）、"阿牟尔亚"（Amulya）和"纽初阿牟尔"（Nutramul）等。这种以组织名称为主、兼顾产品特性的伞型的品牌策略，既利用了阿牟尔合作组织的影响力，又区分了不同的产品，同时也使阿牟尔不仅巧妙地避免了在联盟之间的冲突，还为联盟成员创造了自我发展和相互合作的平台。

第二节 农产品品牌创建的关键

一、农产品品牌建设存在的问题

近年来，政府出台了一系列激励农业产业化的优惠政策，其中对农业标准化、规模化、组织化、农产品品牌建设和农产品"三品一标"认证等方面分别给予了一定奖励，农产品品牌建设被摆在了突出的位置，支持力度明显加大。一些具有传统认知的特色农产品品牌建设取得了阶段性成效，如阳澄湖大闸蟹、五常大米、洛川苹果、盐池滩羊、库尔勒香梨等。但必须明确看到，现有农产品品牌建设存在的问题仍然较多，农产品品牌发展困难重重。

（一）农产品品牌意识薄弱

受传统生产经营观念的影响，大部分生产企业及生产经营者，生产产品多，运作品牌少，对品牌重要性及必要性认知不足，还未意识到品牌对农产品附加值和市值的影响力，创建品牌的积极性不高，保护意识薄弱。"以假充真、以次充好"的现象时有发生，对产品的信誉造成了不良影响。农业生产者为获取最大利益，往往只注重产量而忽视质量，忽视了农产品品牌建设的投入，认为品牌建设的性价比不高，需投入大量资金，但短期内很难看到效益。因此，农产品在市场竞争中缺乏竞争优势，产品的辨识度较低。

（二）农产品品牌形象不突出

农产品品牌面对消费者所呈现的整体形象，包含诸多细节，如品牌整体定位、外部符号名称、包装设计等。品牌定位上，有些品牌定位过高，超出产品自身功能范围和消费者经济承受能力，有些品牌定位过宽，反而引起消费者的怀疑。品牌名称上，同质化明显，雷同无个性，更多情况下以"产地+产品"的形式出现，品牌识别功能缺失；农产品包装上，很多农产品包装粗陋，无防伪标志，使不法商贩有机可乘，造成"鱼目混珠"现象，消费者无法识别真假，严重损害品牌形象。

（三）农产品品牌层次较低

大部分农业品牌产品都是初加工产品，科技含量低，农产品种植、生产受自然环境影响大，保鲜、贮运、加工环节相对滞后，基本停留在粗加工阶段，对产品的精深加工和深度开发不足，品牌附加值少，无法体现农业品牌优势，很难形成市场竞争力。如果遇上市场需求波动等情况，很容易导致产品积压腐烂，直接损害种植户的收益。且由于加工方式没有太高的门槛，极易被竞争对手模仿，难以形成区别于对手的显著性市场竞争优势。

（四）农产品品质的不稳定性

农产品非标准化的生产方式决定农产品品质的不稳定，国内目前除部分公司、企业及先进村镇采取订单农业的做法，严格提供符合订单要求的标准农产品外，绝大部分生产者的生产模式不能达到标准化，而农产品质量的不稳定性将大大影响消费者的口碑评价，从而动摇农产品品牌的根基。

（五）农产品品牌经营理念落后

经营品牌与经营产品不同，消费者对产品的认同主要来自对产品品质的认同，而消费者对品牌的认同则更多地来自对品牌文化的认同。品牌文化是随着品牌的发展积淀形成的价值观、理念和个性等，需要较长时间的积累，需要农产品生产企业不懈努力，使农产品及其品牌中所包含的文化内涵或特定理念逐渐渗透到消费者的心里。不少农产品经营者偏重短期效益，忽略长期发展，一些农产品生产企业在业绩佳、发展势头好时，往往掉以轻心，忽略产品的质量，忽视产品的升级换代，没有为品牌注入新的内容，缺乏对品牌的长期维护与培育。

（六）品牌建设推广营销力度不够

由于受各种主、客观因素影响，很多品牌仅仅是注册，缺乏后续有效地宣传。不少地方把农产品品牌建设搞成了"面子工程""形象工程"，止步于方案公布、LOGO出街、广告语上墙。战略不落地，方案悬半空。经历了短期的热闹之后，有的归于寂静，有的乱局出现等。有些地方遇到领导变动的情况，致使工作停滞，前功尽弃，没有持续性。存续的品牌也仅仅注重识别功能和促销功能，品牌营销手段单一、传统，大多依赖于政府门户网站的农产品品牌专栏，品牌知名度不高，没有形成线上、线下一体化的品牌营销推广体系。

二、农产品品牌创建的影响因素

（一）质量因素

质量是品牌立足的根本，是品牌的基础和生命，名牌的显著特征就是能够提供更高的可感觉的质量，质量是品牌的灵魂。为什么顾客青睐名牌，甚至不惜以高价购买，因为名牌体现出了质量优势，名牌从来都是以质量为基础的。品质是企业创建名牌的根本，是使顾客产生信任感和追随度的最直接原因，是品牌大厦的根基。没有高品质，不可能成为真正的名牌，甚至会导致企业经营失败。

（二）服务因素

服务是商品整体不可分割的一部分，在当今市场竞争中已经成为焦点。为顾客提供优质服务是企业接近消费者、打动消费者最便捷的途径，也是企业树立品牌的途径。服务可以减少或者避免顾客的购买风险，为顾客提供超值的满足。服务是创品牌的利器，也是品牌组成不可缺少的重要组成部分。

（三）形象因素

品牌的形象是指企业或者某个品牌在市场上、社会公众心中所表现出的个性特征，它体现公众，特别是顾客对品牌的认知与评价。品牌形象由顾客评价，它是赢得顾客忠诚的重要途径。俗语说：产品是企业的，品牌却在消费者的心里。

（四）文化因素

品牌文化是指文化特质在品牌中的沉积，是指品牌活动中的一切文化现象。文化与品牌联系密切，品牌的一半是文化，品牌的内涵是文化，品牌也属于文化价值的范畴。品牌的文化内涵常常使其充满生机，具有无穷的生命力。

（五）管理因素

企业必须依靠管理提高效益，品牌事业的发展更要依靠管理，利用管理积极规划，推出优质产品或服务，利用管理合理、科学开展广告、公关等营销推广活动，利用管理处理危机、加强服务，利用管理不断创新，使品牌长久不衰。另外，更需要利用管理开发品牌资源，使其不断发展壮大。

（六）创新因素

创新是企业进步和发展的活力之源，也是品牌成长过程中的一个推进器。世界上的许多著名品牌都是在不断创新中生存、发展下来的。

（七）广告因素

广告和公关是品牌的左膀右臂，像火箭的两个推进器，带动品牌冉冉上升。品牌离不开广告，品牌锻造需要广告的协助、支持。古语说："好酒不怕巷子深""皇帝女儿不愁嫁"，但在现在激烈的商战、多变的市场下，应该说"好酒也怕巷子深，酒香也需常吆喝"。在品牌成名之后，也离不开广告，品牌还须利用广告等宣传手段使消费者不忘记品牌及相关产品。另外，与对手竞争时，广告也是强有力的武器。

（八）公关因素

公关是公共关系的简称，公关主要是对公众心目中的形象（企业形象或者品牌形象）进行管理。公关与品牌有着密切的联系，公关是锻造品牌、创立名牌的又一利器。成功的公关活动可以提升品牌知名度、美誉度、信任度等。公共关系通常利用公共活动吸引媒体关注，由媒体主动宣传企业和品牌，从而达到较好的宣传效果，公关可以为企业"扬名"，为企业带来良好的经济效益和社会效益。

三、农产品品牌创建的关键

（一）健全农产品标准化生产体系

根据国际通行标准、国家标准、行业标准和生产需要，制定、修改、完善品牌农产品的生产技术规范和操作规程，做到"有规可依"。制定完善的农业投入品管理、产品分等分级、产地准出、包装标识等方面的标准，制定简明实用的操作手册，建立起既符合农产品实际又与国际、国家和行业标准接轨的农业标准化生产体系。同时，农产品企业要和种植户达成战略合作，在农产品供销期间，加强种植户的品牌观念，为农产品质量、安全以及口感等提供保证，为农产品品牌建设奠定良好的基础。

如四川资中血橙构建了一整套完善的标准化生产规范：血橙的种子要经过严格的挑选和处理，种子装袋的重量、运输等都要严格把关，种子在发芽后，要按照标准配比和频率施肥，甚至施肥的位置也要固定。种子发芽成"奶苗"，再培育一年，然后嫁接，再培育两年，待其长成"壮苗"后即可移栽至基地。其后还要对果树修枝塑形，保证其高度、枝条生长情况一致等，采摘时间也经过农林局、血橙协会等机构科学的分析，由资中县政府亲自发文，明确采摘时间为每年的1月1日，确保优质的资中血橙到达消费者手中能有最完美的品质，为资中血橙的品质、品牌维护奠定了良好的基础。

（二）强化农产品质量安全体系

一方面，推行农产品条码制度（产品准出证明或二维码标识）或视频追溯系统，建立产销区一体化的农产品质量安全追溯信息网络，实现生产记录可存储、产品流向可追踪、储运信息可查询，确保农产品质量安全。另一方面，加大农产品投入品监管力度，严厉查处违禁农药、兽药、渔药的生产、销售、使用等违法行为，提高品牌农产品的质量及安全水平。

如在"2018中国区域农业品牌影响力"指数榜单上排名第一的"五常大米"，在发展初期曾因"假冒""掺假""调和"等负面消息，一度遭遇信任危机。但近年来，黑龙江省五常市通过建设产品溯源服务体系，有效监管五常大米品牌使用者的生产与销售行为。如2016年，五常市依托农业物联网，建设了五常大米追溯平台和五常大米网，对五常大米实行"三确一检一码"溯源防伪，实行"一物一码"，提出了"购五常大米、认溯源标识""五常大米、一码锁定"的口号。消费者通过终端点击或者扫描溯源防伪码，可以直接查到种植地块、加工、仓储等信息，实现全程可追溯，有效地维护了消费者权益，也增加农户的收入，促进五常大米品牌的良性可持续发展。

（三）打造突出的农产品品牌形象

聘请一流的品牌策划机构，结合当地文化与产品特色，挖掘品牌自身内涵，设计具有当地地域特色和文化底蕴的农产品品牌符号，塑造鲜明的品牌个性。具体包括品牌名称、品牌标志、品牌包装等。打造完成后对整体品牌形象进行品牌商标注册和版权登记，取得产权保护。

如浙江丽水市创建的农产品区域公共品牌"丽水山耕"，结合了东方传统农耕方式"耕种"、丽水突出的山地地貌形态和"丽水"的地理区域名片，提炼出了"丽水山耕"这一品牌名称。品牌口号方面，丽水山耕从丽水农业的独特文脉出发，追溯至中国哲学"道法自然"的源头，宣扬保留传统生态农耕方式，生产生态精品农产品，与消费者分享来自丽水的原生态美味，提供享受淳真、原味生活的机会与体验，即"法自然，享淳真"的品牌口号，在提高文化调性的同时，迎合了市场对传统农耕时代安全、自然生活的向往，再加上政府的背书，迅速让农产品实现了溢价。

（四）建设品牌推广和营销策划体系

充分利用电视、报刊、电台、互联网等媒体，构筑农产品品牌立体化宣传网络；举办地方特色农产品展会，与区域其他品牌农产品进行联合推介、捆绑式宣传推广，通过合理的手段对品牌知名度、美誉度及满意度进行强化，全力塑造农产品整体品牌形象，提高市场知名度。

如山西长治的"武乡小米"，精准制定了"武乡小米"品牌化发展战略，前期提出了"小米加步枪，好米在武乡"的宣传口号，借助耳熟能详的宣传语快速提升武乡小米的知名度；后期提炼出"大米看五常、小米看武乡"的宣传口号，为提高武乡小米的网络市场占有率奠定良好的基础。之后又组建了武乡小米推广团队，先后参加了美味中国行郑州站、成都农产品展、福州海峡交易会等农产品展销会20多场。2016年10月，举办了"武乡小米"品牌发布会，通过了国家农产品地理标志认证；11月，通过央视财经频道"厉害了我的国·中国电商扶贫行动"直播，当天网销小米14万公斤，销售收入达到了323万元。

（五）建设多样化的农产品销售渠道

推动农产品品牌与第二、第三产业相融合，延长农业品价值链，为品牌注入源源不断的活力：利用乡村旅游、休闲农业、观光旅游等方式，促进品牌农产品的传播和销售。直接与终端消费者建立联系，一方面，可以在全国大中城市建立专卖店，专柜专销、直供直销，建立稳定的销售渠道。另一方面，创新农产品营销方式，大力发展农产品电子商务、直销配送、农超（社）对接等新型营销模式，实现线上线下相结合、经营消费无缝对接，健全完善实体店与网点相结合的品牌农产品营销体系。

（六）建立完善的品牌保护体系

当完成品牌建设与宣传之后，要对已经成型的品牌实施保护，以维护产品品牌形象。积极开展证明商标、集体商标注册和地理标志保护，注重产地认证，防止外来农产品滥用品牌，以保持该品牌所特有的区域优势，维护品牌的市场形象。此外，区域公共品牌还要定期对品牌使用主体开展品牌培育、品牌保护等知识培训，使其认识到品牌滥用、"搭便车"、假冒所带来的严重后果，进而提高他们的品牌意识和法制意识，切实保护品牌农产品的知识产权，防止发生地域农产品品牌的信任危机。

如全国知名品牌"龙口粉丝"，2004年由央视曝出，一些不良商家违规操作，为了使玉米淀粉替代绿豆淀粉制造出的劣质龙口粉丝看起来通透鲜亮，而在原料里掺入农用化肥，且曝光的企业多数环境污浊，设备简陋，操作不规范，使地域产品遭到"封杀、超市撤柜、禁止出口"，"龙口粉丝"这个声名远播的地方名产，一下子陷入空前的市场危机，许多知名企业遭受了株连，因此，在完成品牌建设和宣传后，应特别注意此类情况的发生，切实为农产品品牌保驾护航。

第三节　农产品品牌创建的过程

一、农产品品牌创建的阶段

农产品品牌建设的过程分为3个阶段：规划阶段、全面建设品牌阶段、形成品牌影响力的阶段。

（一）规划阶段

做好农产品品牌规划，等于完成了农产品品牌建设的一半；而一个坏的农产品品牌规划，可以毁掉一个企业。做规划时，要根据实际情况明确目标，然后制订行之有效的措施。对于一个已经存在很多年的企业，要诊断这个企业的品牌，找出问题，发现优势和缺陷。这是农产品品牌建设的初期阶段，也是农产品品牌建设的第一步。

（二）全面建设品牌阶段

确立农产品品牌的价值观是最重要的一步。确立什么样的价值观，能够决定企业走多远。有相当一部分企业没有明确且积极向上的品牌价值观取向；更有一部分企业，在品牌价值观取向上唯利是图，片面追求利润，抛弃企业对社会的责任。一个好的品牌价值观，首先是为消费者和社会创造价值，其次才是为企业创造利益。

（三）形成品牌影响力的阶段

企业要根据市场和企业自身发展的实际情况，对品牌不断地进行维护和提升，使品牌达到一个新高度，从而形成品牌影响力。能够进行品牌授权，才能真正形成一种无形资产。农产品品牌建设是一个系统工程，要想打造强势品牌，必须了解并周密按照打造品牌的流程去规范运行，才能取得预期或者理想的效果。

二、农产品品牌创建的步骤

农产品品牌和其他品牌一样，品牌的打造一般要经过对品牌的相关内容进行调研、制订设计计划、定位品牌、推广品牌和评估效果这样几个步骤。

（一）品牌调研

品牌调研是指打造品牌的工作人员对企业的品牌现状进行了解，或者对企业打算树立的品牌相关内容的资料进行收集。调研已有品牌的现状，重点是了解企业品牌的美誉度、知名度、内涵等，主要是为了明确企业预期的状态及实际所处的状态，另外，还需要了解员工的品牌意识以及对该品牌的理解程度。而对于调研企业计划树立的品牌，主要了解企业信誉、产品或服务的质量和性能、在同行业中的地位、目标受众对品牌的关注，以及影响目标受众选择的因素等。可见，品牌调研就是发现品牌系统存在的问题或者影响因素，并对其进行全面分析。

（二）制订品牌设计计划

通过品牌调研掌握了大量的基础资料，找出了品牌系统中存在的问题和影响因素之后，下一步工作就是制订品牌设计计划。品牌设计计划有长期计划、年度工作计划，也有短期工作计划，制订品牌设计计划主要包括确定目标、依据目标规划设计内容、进行预期成本核算。

（三）品牌定位和设计

品牌定位和设计是指按照品牌目标的要求为品牌确定合适的位置，然后详细设计品牌的内容。品牌设计计划是开展品牌创建工作的依据，在综合分析企业的发展状况、产品受众、竞争对手等多项因素后，设计品牌。设计品牌的主要内容包括品牌的形式、企业识别系统设计、设定品牌目标效果等。品牌设计要采用科学的方法，并结合企业近期、远期目标。

（四）品牌推广

品牌设计完毕之后，就要对品牌进行推广。品牌推广是指综合运用广告、公关、营销人员、媒介、品牌质量等多种手段，结合目标进行推广和传播，以树立良好的品牌形象。

（五）品牌效果评估

品牌效果评估的主要工作内容是了解品牌打造工作的进展，是否按期、保质地完成，是否达到了预期的目标。经过评估，发现工作中的问题，考虑是否需要对品牌进行再次修改或完善等。

三、农产品品牌创建的途径

农产品品牌建设需要农户、经营者、企业、政府等多方参与和协调。政府和企业作为其中的主要参与力量，在农产品品牌建设过程中发挥着非常重要的作用。首先，品牌的拥有者——企业需要政府的规范、监管和调控，保障农产品质量认证、销售渠道、宣传手段等合乎有关规定，依法保障消费者的合法利益，防止假冒伪劣产品扰乱市场秩序，同时保障品牌权益不受侵犯。其次，农户及企业需要政府出台农业优惠和扶持的相关政策，例如，引进技术或者先进设备给予补助，或者减免税费，资金方面也向农业倾斜等。农产品品牌建设主要有两大途径。

（一）政府主导的农产品品牌建设

从很多优质农产品品牌的建设经验来看，政府在品牌建设过程中发挥着重要作用，主要是提供政策和资金扶持，构建公平合理的宏观经济环境，引导市场健康有序地发展。

1. 推行标准化生产模式

农产品质量是农产品品牌建设的生命，决定着品牌在市场上能否长久。推行标准化种植或生产模式，才能保证质量的统一和稳定，才能在市场上站稳脚跟。在农产品品牌建设过程中，政府应建立和完善农产品质量标准体系，积极推广标准化生产，加大农产品质量检测和监管力度，确保农产品质量优质稳定。

2. 加大科学技术投入

先进的科学技术能提高生产效率，更能提高农产品的品质，增加产出和品牌附加值。国内外很多优秀的农产品品牌都含有较高的科技含量，当地政府投入大量资金用于科研，用于新产品开发，培养和引进优秀技术人才，这些做法往往能取得事半功倍的效果。

3. 出台农产品品牌建设的扶持政策

农产品的生产和经营大都比较分散，综合实力弱，市场竞争能力差，而且农产品品牌的建设发展和维护需要大量的资金，特别是品牌创建的初期阶段，企业需要大量的资金去开拓市场，政府应加大对农业企业的扶持力度，出台税费减免以及资金补贴等相关政策，鼓励农产品品牌相关参与者大力发展品牌。

（二）企业自创的农产品品牌建设

企业是农产品品牌建设的主要参与者，是农产品品牌开创和推广的中坚力量，它采取很多宣传方式扩大影响力。所以，品牌和包装的设计都是不能忽视的重要环节。

1. 精心设计农产品品牌

发展品牌首先要有一个完整的品牌名称和标识。品牌设计是开展品牌创建工作的依据，要综合分析企业的发展状况、产品受众、竞争对手等多项因素。设计的品牌应易懂清晰，内涵丰富，能传达出企业的产品特点，便于让消费者接受并喜爱。设计一个成功的品牌是品牌建设工作的基础。

2. 注重产品外观和包装

在农产品经营过程中，产品的外观和包装会给消费者留下第一印象，虽然农产品具有好的质量，但是不重视包装，这种农产品也很难进入高端农产品行列。农产品的包装设计应该具有自己的鲜明特色，便于和同行业的产品区分开来，例如突出包装色彩的不同，能吸引消费者的注意力，便于消费者选购。

3. 加大广告宣传力度

现在，广告已经成为品牌宣传的主要手段和方式，能迅速提升产品的影响力。广告的设计及媒体的选择应该结合农产品的特点，突出农产品的核心竞争力，同时要考虑受众的喜好。有时一种媒体的宣传效果不是很理想，可以综合运用多种媒体进行广泛宣传。企业应该加大广告的投放力度，运用多种媒体，广泛宣传产品，扩大影响力。

第二章

农产品品牌定位

定位理论的提出者艾尔·里斯（Al Reis）和杰克·特劳特（Jack Trout）认为："定位并不是对你的产品要做的事，定位是你对预期顾客要做的事，是在预期顾客心智上所下的功夫……把产品定位在预期顾客的大脑中。"农产品品牌定位是企业制定市场发展战略最为关键的内容。成功的品牌定位，能够在消费者心目中树立鲜明的、独特的品牌个性形象，为建立品牌在市场上的竞争优势打下坚实的基础。

第一节 农产品品牌定位的基本概念

一、品牌定位的内涵

（一）品牌定位的含义

品牌定位是企业针对目标市场确定和建立一个独特的品牌形象并对其进行整体设计和传播，最终在目标顾客心中占据一个独特的、有价值的地位的过程或行动。品牌定位意味着以下特点：

（1）企业为了在目标顾客心目中占据独特的位置而对公司的产品、服务及形象进行设计的一系列行为。

（2）为自身寻找或设计一个与众不同的形象与位置，以求在目标受众心目中建立起自身的独特竞争优势。

（3）定位不一定是同类产品所没有的，而应该是竞争对手没有说明的，或尚未注意的，但却对消费者具有吸引力的因素。

（4）品牌定位是塑造品牌个性的必要条件，是品牌传播的基础。

（二）与品牌定位相关的概念

品牌定位是在目标消费者心目中建立起强有力的品牌联想和品牌独特印象的策略性行为，品牌定位与企业定位、产品定位、市场定位、广告定位之间既有区别也有联系。

（1）品牌定位是以产品或产品群为基础，透过产品定位实现。品牌一旦定位成功，品牌作为一种无形资产就会与产品脱离而单独显示其价值。

（2）企业定位是定位阶梯的最高层，是对企业形象的定位，一般由经营历史、产品价值、领导人物、服务水平等因素决定。企业定位要对涉入的行业和领域有较宏观和前瞻的思维；对其核心竞争力需要有更深入的思考和探讨；对外在环境的变迁和未来趋势上要有敏锐的观察力。

（3）产品定位是将产品能够满足消费者需求的某个具体属性或功效定位在消费者心中，是品牌定位的支撑点和依托。

（4）市场定位。确定企业提供产品或服务的目标消费市场。

（5）广告定位。通过广告宣传赋予产品某种特色，以便使产品在消费者心目中寻找一个独特的位置，从而推动产品销售。

二、品牌定位的过程及方法

品牌定位是一个科学的整合分析市场环境、竞争者品牌定位、消费者需求、企业自身资源和品牌特点的过程。农产品生产经营者在建立品牌定位策略前，需要考虑：我们的品牌和同类品牌在消费者心中具有什么样的位置？我们的品牌定位和竞争对手的是否存在差异？我们的定位优势是什么？我们希望自己的品牌拥有怎样的定位？我们希望品牌跟消费者之间的关系是怎样的？如何对品牌定位进行传播？因此，品牌定位流程包括品牌定位分析、品牌关系分析、品牌定位决策，见图2-1。

（一）消费者分析

确立定位的首要步骤是要洞察消费者，发掘消费者的内心需求。消费者洞察（Customer

Insight），即发现消费者的显性需求和隐性需求，并将之应用于企业的营销要务，它为发现新的市场机会、找到新的战略战术提供条件，从而成为能够提高营销成效和摆脱市场"肉搏"的有效途径。

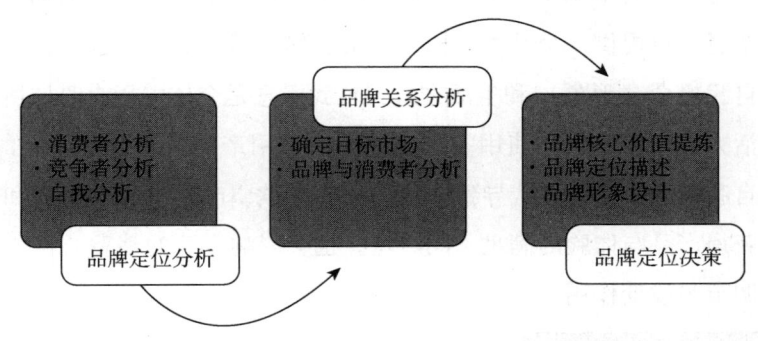

图 2-1 品牌定位流程分析

1. 马斯洛需求层次理论

应用较为广泛的消费者分析工具是马斯洛需求层次理论（Maslow's hierarchy of needs），见图 2-2，由美国人本主义心理学家亚伯拉罕·马斯洛（Abraham Maslow）提出，他认为一个国家多数人的需要层次结构，是同这个国家的经济发展水平、科技发展水平、文化和人民受教育的程度直接相关的，在欠发达国家，生理需要和安全需要占主导人数比例较大，而高级需要占主导人数比例较小，在发达国家，则刚好相反。

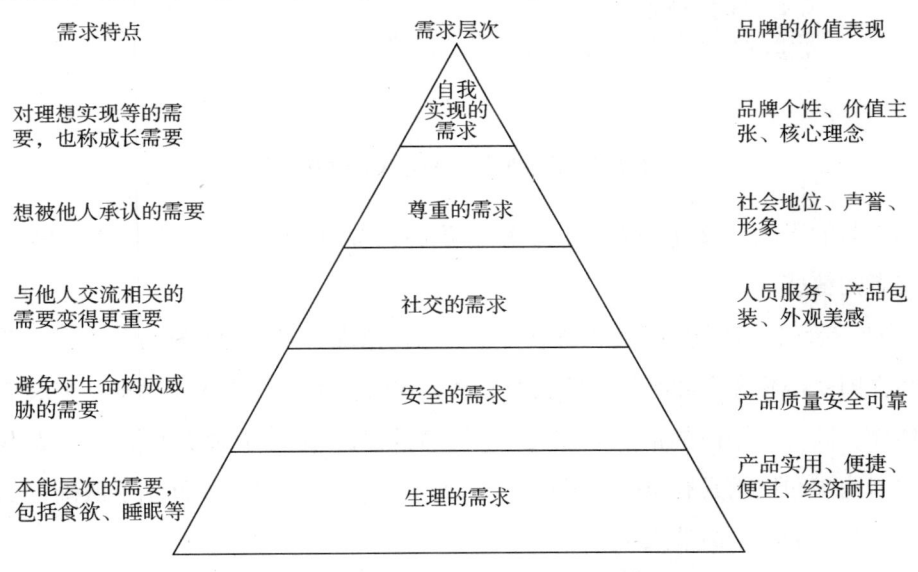

图 2-2 马斯洛需求层次理论与品牌价值表现

农产品品牌定位可以根据马斯洛的需求层次论，寻找消费者需求与品牌价值的契合点,从而确定品牌定位的决策和品牌传播的方向。

2. 消费者决策的影响因素

美国消费心理与行为学家霍金斯（Hawkins D. I.）的消费者决策过程模型（图2-3）为我们描述消费者特点提供一个基本结构与决策过程。霍金斯模型认为,消费者在内外因素影响下形成自我概念（形象）和生活方式,自我概念是个体关于自身的所有想法和情感的综合体,生活方式则涉及我们使用的产品,如何使用产品及对这些产品的评价和感觉。然后消费者的自我概念和生活方式导致一致的需要与欲望产生,这些需要和欲望大部分要求以消费行为获得产品与体验的满足。同时这些也会影响今后的消费心理与行为,特别是对生活方式的调节与改变作用。

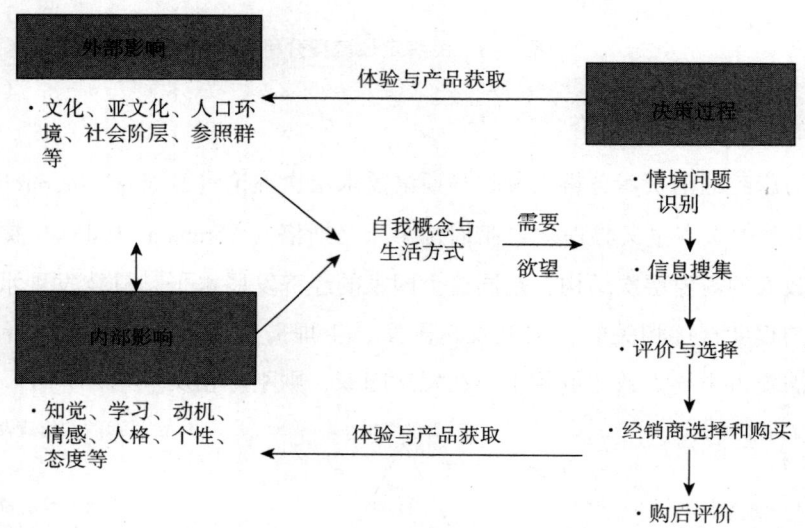

图2-3 霍金斯的消费者决策过程模型

外部因素的影响如文化与亚文化、社会阶层、参照群体等；内部因素如消费者的个性、消费者的情感等。

（1）社会阶层。每个阶层的成员具有类似的价值观、兴趣爱好和行为方式,低层的消费者存在立即获得感和立即满足感的消费心理,比较注重安全和保险因素；中层消费者一般讲究体面,同一阶层内的消费者彼此之间影响较大；上层消费者则更注重成熟和成就感,倾向于购买和使用具有象征性的产品。如小罐茶对目标消费人群做了明确定位,适合现代都市精品生活的中高端人士。

（2）参照群体。它是直接或间接影响一个人的态度或行为的所有群体。那些强烈影响人们态度或行为的参考群体称为意见领袖（Opinion Leader）。影响人们品牌评价、购买的意见领袖包括行业专家、时尚引领者（演艺、体育明星等）、社交网络引领者（网红等）。如在2020年第二届春茶采购节（线上）大型推介对接活动上，中国农业科学院茶叶研究所副所长鲁成银、八马茶业股份有限公司总工程师林荣溪直播分享早春绿茶的选购和乌龙茶、白茶、黑茶的冲泡、选购和储存等知识。因这些行业专家专业性强，拥有更多、更准确的产品信息，所以能够被消费者所接受和信任。另外，随着互联网的发展，越来越多的普通人通过在线论坛、微博、抖音、快手等网络平台成为意见领袖，网红直播销售农产品也成为一种走俏的形式。

（3）消费者的个性与情感。消费者个性影响品牌的机理是，消费者会不自觉地选择与其自身个性相契合的品牌。中国市场上的品牌主要表现为五种维度"仁""智""勇""乐""雅"。随着需求层次的上升，消费者更加重视购物时的情感体验，通过产品或品牌满足消费者支持自我、发展自我的需求，产品或品牌逐渐成为一种自我的延伸。因此，农产品营销者应致力于建立品牌忠诚度，使消费者对其品牌形成情感依恋。

（二）品牌的自我分析与竞争者分析

农产品品牌自我分析包括企业自身资源、品牌目前形象、品牌传统、品牌优势与劣势等。品牌定位常受到企业现有资源的制约，必须结合企业的规模、技术水平和实力等相关因素，做企业力所能及的事。品牌定位需要考虑以下问题：企业有哪些联想与品牌有关？针对不同的细分市场品牌形象是否不同？消费者觉得他们获得了什么利益？品牌能给消费者留下什么视觉印象？通过此类问题，企业能够探知消费者心中感知的品牌形象与企业品牌定位目标是否一致，寻找更有效的定位方法和途径。

对于农产品品牌，企业需要了解品牌是如何创办的？品牌的传统是什么？最初的形象是什么？品牌识别应该包括哪些内容？通过对品牌传统与品牌优势的分析，实现可持续的品牌定位，避免出现试图开发企业难以实现的品牌定位的错误。

竞争者的分析主要研究竞争对手的品牌形象、定位及其优劣势，以便寻求企业差异性的品牌定位，凸显品牌个性的特点。

（三）确定品牌定位策略

在对消费者、企业自身及竞争对手有了充分了解之后，企业就应该根据分析结果制定自身的定位策略，包括确定品牌涵盖的产品线、寻找品牌自身的风格和创造品牌的差异。品牌必须具有与众不同的差异点（独特的销售主张）才能有效吸引消费者。选择差异点需要考虑农产品诉求的差异点对消费者的吸引力以及消费者对产品差异点的信任度。

（1）吸引力的标准，要让目标消费人群知道和发现这个差异点和自身是有关联的，而且这种关联很重要。如富硒大米，强调富硒大米的营养价值，如硒产品具有抗氧化、抗衰老、提高人体免疫力、降血糖等功效，赢得消费者的信赖。同时，品牌应给消费者提供一个可信的理由来选择，如我国富硒区域中有的面积小，有的地区伴生铅、汞等不良矿物质，不适合人体直接食用，真正具有开发价值的可安全食用硒米的地区为数不多，这些区域中湖北恩施已被认定为"世界硒都"，其所产的富硒米是天然富硒米，富含有机硒，人体可吸收，该区域的大米品牌商向消费者传达"天然硒米"的功效则更能赢得消费的认可和信任。

（2）可传达性标准，农产品品牌定位成功的关键除了找到差异点之外，还要通过广告等传播方式成功地将其独特定位传递给消费者，并且能够向消费者很好地传达品牌及其相应的联想。

第二节 农产品品牌定位的方法

定位的目的是有效地建立品牌与竞争者的差异性，在消费者心中占据一个与众不同的位置。一般而言，农产品生产经营企业制定品牌定位时，可以使用实体定位和观念定位两种方式，实体定位即从产品的功效、品质、市场、价格等方面进行定位；观念定位则突出产品新的意义及新的价值取向。

一、实体定位策略

（一）功效定位

消费者购买产品主要是为了获得产品的使用价值，希望产品具有所期望的功能、效果和效益，因而强调产品的功效是定位的常见形式，尤其是农产品，消费者更加关注其食用价值，以及新鲜、营养、健康等属性。由于能记住的信息是有限的，消费者往往只对某一强烈诉求产生较深的印象，因此，承诺一个功效点的单一诉求更能突出个性，更容易获得成功的定位。例如，小罐茶，一罐一泡，真空充氮，小罐保鲜技术，提升消费者冲泡体验。

（二）质量和价格定位

将质量和价格结合起来构筑品牌识别。质量和价格通常是消费者最关注的要素，消费者希望买到质量上乘、价格适中或便宜的产品。因此，这种定位往往宣传产品的物美价廉和物有所值。如伊利高钙低脂奶强调产品具有良好的质量，使消费者对产品感到放心，增强产品的吸引力。此外，当产品在品质、性能等方面与竞争对手的产品差别不大，同时又找不到可以让产品具有吸引力的特殊之处时，广告宣传可以利用价格差异来制造产品区隔。

（三）使用者定位

广告着眼于产品的使用者，强调产品对某一类消费者的特别意义。如浙江省嘉兴市天蓬畜禽养殖专业合作社针对孕产妇市场提供月子鸡、月子鸡蛋产品，打造"月子皇后"品牌。

（四）产品种类定位

强调产品所属的种类及其特性。该定位就是与某些知名而又属司空见惯类型的产品做出明显的区别，或将自己的产品定位为与之不同的"另类"，这种定位也可称为与竞争者划定界线的定位。例如，美国的七喜汽水，之所以能成为美国第三大软性饮料，就是因为采用了这种策略，宣称自己是"非可乐"型饮料，是代替可口可乐和百事可乐的消凉解渴饮料，突出其与两"乐"的区别，因而吸引了相当部分的"两乐"转移者。又如娃哈哈出品的"有机绿茶"与一般的绿茶构成显著差异，也都是种类定位方法的运用。

（五）造型定位

指通过产品造型向消费者传达产品和企业的信息、观念、情感等，主要从视觉和知觉两个层面来影响消费者认知。

（六）技术和工艺定位

通过向消费者宣传产品本身具备的技术和工艺上的优势，来引导消费者进行购买，建立起产品生产经营的"专家"或"领导者"身份，影响消费者的购买选择。如农夫山泉的天然弱碱性水，乐百氏27层净化水等。再如海阳白皮黄瓜，也叫白黄瓜，又名"梨园白"，是众多黄瓜品种之一。白玉黄瓜是海阳市种子站从地方品种中经过多年定向系统选育而成的耐热、抗病品种,"海阳白黄瓜"已经成功注册为地理标志产品。

(七) 服务定位

如果企业的产品在品质等方面与竞争对手的差别不大,但可以提供良好的售前、售后服务,则可以采取优质服务、特色服务等定位,从而使自身产品在消费者心目中形成优质服务的独特印象。如优食管家,是一个基于社群共享全球品质食材的"C2B+O2O"直供平台,与全球上百家种植基地及科研机构建立了合作关系,通过绿色种植、科学筛选、环保包装、冷链配送,将品质食品送到食友手中。几乎所有的交易都从交流群中发起,工作人员化身"管家"的形象,每当新品上线便在群里"吆喝",收集预订,待到单品预订达到5000~10000个后,再由上游合作的果园采摘。

二、观念定位策略

(一) 心理与情感定位

着眼于产品能给消费者带来什么样的心理满足和精神享受,可以采用象征的手法,强化消费者的心理感受。如洋河蓝色经典"比天空更博大的是男人的胸怀",德芙巧克力"牛奶香浓,丝般感受"。品牌个性在于"丝般感受"的心理体验,能够把巧克力细腻滑润的感觉用丝绸来形容,意境高远,想象丰富。充分利用联想感受,把语言的力量发挥到极致。

情感定位是将人类情感中的关怀、牵挂、思念、温暖、怀旧、爱等内涵融入,使消费者在购买、使用产品的过程中获得相应的情感体验,从而唤起消费者内心深处的认同和共鸣,最终获得消费者对品牌的喜爱和忠诚。如哈尔滨啤酒"岁月流转,情怀依旧"广告语的内涵让人产生无限的岁月怀念。

(二) 追随定位

将产品与同类产品中的"领导者"进行个别属性或整体属性的比较,以便让消费者快速认知本产品与领导品牌的相似性,使本产品彰显其潜在优势,从而快速占领市场。这种方式可以缩短产品与领导品牌在消费者心目中的心理距离,引导消费者在进行购买选择时,将本产品与领导品牌同时列入其考虑范围之内。

（三）文化象征定位

每种产品都具有独特的文化内涵，在广告中把产品塑造成某种文化、情感、精神等的象征，可以使消费者产生相关的文化联想。如小糊涂仙酒，将郑板桥的"难得糊涂"的名言融入酒中，广告语"难得小糊涂，悠然得健康"深入人心；金六福广告语"我有喜事，金六福酒"，将在中国具有广泛群众基础的"福"文化作为品牌内涵，实现酒与酒文化的信息对称。

（四）历史定位

历史定位，宣传企业及其产品的历史资源，消费者都有这样一种惯性思维，对于历史悠久的产品容易产生信任感，认为一个创立多年的企业，其产品和服务质量应该是可靠的，而且给人神秘感，令人向往，因而历史定位具有"无言的说服力"。老字号企业、传统产品和历史悠久的品牌比较适合采用这样的方式。如泸州老窖公司拥有始建于明代万历年间（公元1573年）的老窖池群，所以总是用"您品味的历史，国窖1573"的历史定位来突出其传承的历史与文明。

第三章

农产品品牌要素设计

在新经济时代,如何让品牌间的竞争规避恶性价格竞争,除了强化质量外,品牌的重要附加价值还体现在情感和体验属性方面。农产品品牌要素设计,就是要运用品牌名称、标志、包装、产品形式与宣传等手段与消费者进行沟通,树立良好的品牌形象,有助于农产品品牌感官性和品牌竞争力的提升。

第一节 农产品品牌要素的内涵与意义

一、品牌要素的内涵

成功品牌的品牌要素往往在消费者心目中留下深刻的印象。凯文·莱恩·凯勒（Kevin Lane Keller）认为,品牌要素（Brand Element）,也称为品牌特征（Brand Characteristics）,指的是那些用以识别和区分品牌的商标设计,用来帮助消费者识别和区分目标品牌与竞争品牌。

需要注意的是,产品成分标签并不是品牌要素,如一些食品会标注产品的成分构成或质量等级等信息,但很多品牌都有这些信息,并不具有差异性,因此不构成品牌要素。另外,对于单个品牌而言,并不需要囊括所有的品牌要素。通常,一般农产品经营者都会设计品牌名称与品牌标志，大多数品牌会设计口号、形象代表、广告、域名等，也有少数品牌不设计。

品牌要素一般分为显性要素与隐性要素两个层面。

（一）显性要素

显性要素是品牌外在的、具象的东西，可以直接给消费者带来较强的感官冲击，主要包括品牌名称、品牌标志、形象代表、标准色、标准字、品牌口号、品牌广告、包装和域名等。第二节中将详细介绍品牌显性要素设计的具体要求。

（二）隐性要素

隐性要素是品牌的精神与核心，不可以被直接感知，包括品牌个性、品牌体验、品牌承诺等。

1. 品牌个性

个性是品牌的灵魂，一个没有个性的品牌，就如同一个没有灵魂的躯壳在市场游荡，不可能有真正持久的生命力。正如广告大师奥格威所说："最终决定品牌市场地位的是品牌本身的性格，而不是产品间微不足道的差异。"他所说的品牌性格就是品牌个性。大量事实表明，消费者总是喜欢符合自己个性（或观念）的品牌。

品牌个性是指一个品牌所体现出来的独特价值及其存在形式，以及企业将这种独特价值在向消费者传达的过程中，所采用的独特表现形式与风格及其人格化的描述。简而言之，品牌个性就是品牌给予消费者的人格化印象和总体感觉，即品牌性格。

2. 品牌体验

品牌体验是一种主观的、内在的顾客反应（诸如认知、情感和感觉）和行为反应。品牌体验可以从感官体验、情感体验、行为体验和思维体验方面进行测量，具体测量项目见表3-1。

表3-1 品牌体验的测量项目

体验类别	具体测量项目
感官体验	这个品牌在视觉或其他感官上给我留下深刻印象 在感官体验上，我觉得这个品牌是很有趣的 这个品牌在感官体验上一点也不能吸引我

续表

体验类别	具体测量项目
情感体验	这个品牌能够引发我的情感共鸣 我对这个品牌并没有很强烈的感情 这个品牌是一个情感化的品牌
行为体验	当我使用这个品牌时，我很愿意与它产生深入互动 消费这个品牌可以让人产生良好的体验 这个品牌不是一个以行动为导向的品牌
思维体验	当我接触到这个品牌时，我会投入很多时间去思考它 这个品牌会引发我的好奇与解决问题的兴趣 这个品牌不会引发我的思考

3. 品牌承诺

品牌承诺是一个品牌给消费者的所有保证，反映出一个企业的经营理念及终极追求，反映出决策者超越产品的品牌规划能力和企业经营者对企业未来的规划能力。一般来说，品牌承诺就是告诉消费者企业要达到什么目的。

二、品牌要素的重要意义

（一）有助于消费者理解品牌的精粹

品牌是消费者对产品及企业所具有的全部联想，但品牌过于抽象，会让消费者难以理解和接近。因此，有形的、可感受的品牌要素可以支撑并表达品牌的内涵和精粹，增加消费者对品牌的深层认知。

（二）有助于消费者识别与选择

对于消费者而言，农产品购买不是缺乏选择而是选择太多，面临众多的产品信息，消费者需要在备选方案中选出一种，这时，高知名度的品牌要素会简化消费者选择，增加决策信息。

（三）有助于形成品牌资产

品牌资产由品牌知名度、品牌美誉度、品牌忠诚度、品牌商标及专利等构成，品牌资产的产生源于消费者的认知，而消费者认知是通过接触品牌，在头脑中储存了关于品牌名称、品牌标志等要素的知识和记忆，才形成了品牌的认知能力，从而引导自己尝试使用品牌。

三、品牌要素设计的原则

品牌要素设计应遵循一定的原则，包括可记忆性、象征性、吸引力、可转换性、可适应性、可保护性等。可记忆性、象征性、吸引力原则是企业创建品牌资产时应采取的进攻性战略，而可转换性、可适应性、可保护性是企业提升和维护品牌资产时应采取的防御性战略。

（一）可记忆性

可记忆性指品牌要素很容易在消费者头脑中被回忆或者识别出来。农产品品牌要素具备可记忆性的前提是能够吸引消费者的注意。一般而言，越是具有特色的、与众不同的特征越容易引起注意，从而增加记忆度。

（二）象征性

象征性强调品牌要素寓意丰富，品牌要素要同时表达品类特性及品牌属性和利益的具体信息。对于品类一般信息，消费者希望看到品牌要素就能马上知道它代表的具体品类，比如通过王老吉凉茶品牌名称，消费者能迅速知道具体品类信息。关于品牌属性与利益的具体信息则用于品牌定位和传播中。

（三）吸引力

吸引力原则意味着品牌要素在视觉、听觉等方面具有吸引力，以及形象丰富、富有乐趣。感官的吸引力可以通过设计品牌元素时采用的风格与主题来体现，形象一致的风格与主题能够引起消费者的好感并激发正向的情绪反应。

（四）可转换性

可转换性强调品牌要素的设计是否有助于品牌的延伸及品牌在不同地区和文化间进行传播。一般而言，品牌名称越宽泛，不包含具体的品类和属性利益信息，越容易跨品类延伸与转换；同时要注意品牌要素设计不能引起文化障碍或误解。

（五）可适应性

可适应性指的是品牌要素的更新难易程度。由于农产品市场竞争环境、消费者的需求偏好与消费价值观、生活方式等会随着时间发生变化，因此，品牌要素也要与时俱进，做出相应的调整，但需要注意两个方面：一方面，品牌名称是品牌的精髓，更代表着品牌形象的基础和品牌资产的来源，品牌名称的更改可能会造成老用户的流失和品牌资产的稀释，而品牌标志、形象代表、广告、包装等的更改则相对容易些；另一方面，每个品牌都具有自己的核心价值和经营理念，这些价值理念往往通过品牌要素来体现，品牌要素更新应考虑核心价值理念的传承与延续问题。

（六）可保护性

可保护性旨在品牌要素设计过程中防止竞争者的模仿和争取法律保护。品牌要素的独特性可以避免赝品和仿冒品的威胁。品牌要素设计好后，营销者应第一时间正式申请登记注册，后续经营中也需要对商标侵害者以及未授权使用者进行查证和打假。

第二节 农产品品牌显性要素设计

农产品品牌要素设计旨在形成鲜明的企业或产品视觉形象，在市场竞争中引起消费者注意，并引导消费者做出购买行为。针对品牌定位的情况、内涵特点、文化元素与形象特点合理设计品牌要素，可以为农产品品牌增加附加值，并获得消费者认同，提升品牌美誉度与忠诚度。

一、品牌名称设计

（一）品牌名称的设计原则

一个品牌，必须有名称，通常也称企业商号，这是合法经营所必须具备的基本条件。品牌名称（Brand Name）是构成品牌的一个基本的和必不可少的元素。它可以反映产品内容、提高品牌认知、强化品牌联想，并最终给品牌带来资产。品牌名称一般用中文、英文或拼音和数字表示。品牌名称可以国际与国内通用，也可以不通用。例如：知名茶叶品牌吴裕泰，其品牌名称中就包含中文、拼音和数字，水果品牌佳沃，其品牌名称中包含中文和英文。

对于大多数农产品经营企业而言，目标市场主要是国内的消费者，取一个能与消费者文化观念与价值观相兼容的名字非常重要。研究表明，汉语品牌命名应坚持以下原则：

（1）简洁但不过短，大多由 2~3 个汉字组成，英文品牌以 5~8 个字母为宜，太长烦琐，太短则突兀，不符合现代汉语双音词居多的拼读习惯。一些较长的如 4 个字的品牌名，各有特点，叠字或一个词语，读起来顺口。

（2）读音朗朗上口，响亮、顺畅、易于发音，如娃哈哈。单音字无法朗朗上口，读一个音就结束，无效果。汉字在读音上有声、韵、调三个基本要素，发音响亮主要体现在声调上，取名时尽量避免使用声调相同的字，以免平直呆板，缺乏动感。使用不同声调的字，让他们错杂相间，就可能产生悦耳动听、抑扬顿挫的艺术效果。同时注意声母和韵母的配合，二者搭配得当，读来给人朗朗上口的感觉，如汇源果汁。

（3）赋予产品潜在寓意，喻示产品给人们带来的利益和祝愿。寓意深刻，如"同仁堂"蕴含"同修仁德"之意。

（4）便于法律保护。及时在销售地及潜在销售地申请注册，以便获得法律保护。

（二）品牌名称来源

1. 以创始人名字或人名命名

可以体现品牌创始人对自己所生产的商品的责任意识和对消费者诚信经营的理念，其直接的效果就是使消费者对这些品牌产生一种信赖感。如以农产品经营者、企业创始人名字命名，食品、酒类行业较为常见，如王守义，Johnnie Walker 等；或以已故人名或虚拟人物名字命名，如曹雪芹家酒，孔乙己茴香豆等。

2. 以动物名或花卉名命名

消费者在接触到这类品牌名称时就会对品牌的品质或性能产生一定的认知，如三只松鼠，雪莲等。

3. 以虚构或杜撰的词语命名

竞争者无法模仿，一旦认知，会产生一对一品牌联想。如克宁奶粉，KLIM 是奶粉英文单词 Milk 的反写。

4. 以数字或首字母命名

纯数字品牌名（数字重复出现或对称），如 999；数字文字组合，如七喜、统一、21 金维他；首字母命名，如 KFC。

5. 以历史文化背景命名

以品牌创始人或典故故事命名，如马应龙、王致和、李锦记、杏花村等。

二、品牌标志与商标

（一）品牌标志

品牌标志（Brand Logo）是品牌商标中图形化、概念化的视觉符号，其基本构成元素包括图形、图案、色彩、字体。标志符号是品牌最外在、最直接、最具有传播力和感染力的部分，它以深刻的理念、优美的形象给人们留下深刻的印象和记忆，有助于克服语言和文字上的障碍及表述的困难，有利于传播和记忆。品牌标志设计的形态要在一定程度上符合品牌战略和品牌理念，并体现和代表品牌的行业属性、功能属性和价值属性。

一般品牌标志设计应遵循以下几点原则。

1. 标志要具有可识别性

造型独特，"抓眼球"，富有个性和创意，并易于与竞争者相区分；简洁明了，易于记忆，能够迅速被识别，如餐饮品牌麦当劳的大写的黄色拱门形"M"标识，很容易增强消费者的记忆；传达清晰一致的企业形象个性；在各种媒介和范围内都能良好运作；在法律上受到保护。

2. 标志要具有艺术性

一方面，标志视觉风格要受到品牌理念的约束，如一些品牌追求"丰富多彩"和变化，标志视觉也许就会以较繁复多变的姿态呈现。另一方面，标志要体现美感，符合时代和不同目标人群的审美感受，如中国消费者更加注重美感、注重与自然的和谐、更加看重风水，同时更加重视质量信号的传达。因此，设计新的品牌标志时要在上述几点上有所倾向。如天锐灵动设计的天然有吉品牌，以品牌象征物与品牌名称传达品牌产品质量。

3. 标志要具有目的性

"目的性"的核心含义是指品牌的"意义"。意义是品牌标志的基因（DNA），它作为象征符号将智慧、想象和情感融合到一起。一些标志本身就有着鲜明的历史文化象征意义，有些标志本身的形态相对抽象，强调的是带给人的"感觉"意义。

4. 品牌标志的适应性

品牌标识要适时更新以应对新环境，并避免消费者的视觉疲劳。标志的改变不仅是审美角度的决策,更重要的是来自品牌经营者自身更深刻的思考,是对品牌新理念和战略调整的体现。标志的设计要兼具时代性与持久性,如果不能顺应时代,就难以产生共鸣。

5. 品牌标志的应用

通常意义上的标志应用,指的是图形和文字的组合使用,还有根据 LOGO 的色调而推广使用的统一视觉颜色,比如服装服饰、办公用品、交通工具、广告媒体、产品包装、公务礼品、陈列展示、印刷品。在战略应用时,图形的作用和意义要大于文字的作用和意义。标志的应用可以体现品牌使用的意图,从战略角度反映品牌结构、角色乃至模式,比如雀巢基本上以产品大类划分公司品牌"雀巢 NESTLE"的视觉标志应用。

(二) 品牌商标

一个成功的品牌必须有一套完整的商标。首先,商标分为注册商标和非注册商标;其次,注册商标和非注册商标都包含图形商标、中文商标、英文商标、数字商标以及组合图形商标;最后,上述商标类型都包含企业品牌名称商标、产品商标、服务商标。注册商标在其商标右上方用®标识,表明已注册。右上方有 TM 标志的商标,其与®标识的商标不同。TM 为英文 Trade Mark 的缩写,既包含注册商标®,也包含未注册商标。商标标注 TM,能够起到一定的保护作用,但若该商标未经商标局核准注册,其受法律保护的力度不大,只有在该未注册商标达到一定知名度的情况下,才能够在一定程度上获得法律的保护。

三、品牌形象代表

品牌形象代表(Brand Character),或吉祥物,是品牌符号的一种特殊类型,是品牌形象的传递者。品牌形象就是消费者对品牌所具有的一切联想,可能是品牌功能属性的认知,也可能是品牌情感属性的感受。

品牌形象代表一般包含两类:虚构形象和现实人物原型。虚构形象组成的品牌标识有:三只松鼠、天然有吉等。一般来说,吉祥物是以平易近人或可爱的人物或拟人化形象来唤起社会大众的注意和好感。吉祥物充满想象力和趣味性,使视觉体系活泼生动,品牌形象饱满鲜活,使品牌个性具体化。由现实人物原型组成的品牌标识有:肯德基的山德士上校、褚橙上的褚时健老人等。与品牌名称相比,品牌形象代表的优点非常明显,如有助于建立品牌认知、增加品牌的可爱性和情趣体验、易于在跨文化和跨品类间进行转换等。

四、品牌色彩设计

(一) 标准色与辅助色

1. 标准色

标准色也称基本色或主色,是用来象征公司或产品特性的指定颜色,是标志、标准字体及宣传媒体专用的色彩,可表现出企业的经营理念及产品内容的特质,体现出企业属性和情感。

标准色在视觉识别符号中具有强烈的识别效应,是与品牌相关度最高的颜色,不仅可以加强品牌识别,还可与竞争对手有效区别开来。企业标准色具有科学化、差别化、系统化的特点。

2. 辅助色

辅助色主要用于衬托表现企业理念和象征意义,加强重点、协助沟通,一般不居于主要地位。企业标准色可和辅助色配合使用,以增强企业表达的多彩表现和活力。

研究证明,色彩确实能增强视觉记忆、提高捕捉或直觉理解的精确性、降低误解信息的可能性。色彩是消费者和社会公众最容易接受、最容易辨识的品牌元素。每个品牌都在寻找一种色彩作为消费者视觉中的映射,而且都有其独特的色彩识别"语言",不仅发挥着统一品牌形象的作用,还体现着品牌的定位和独特性。

(二) 色彩的象征作用

色彩是人类信息的主要来源。心理学研究表明,一个人在接受外界信息的时候,视觉接受的信息占全部信息量的83%,其中,色彩语言所承载的信息量一直占绝大多数。

色彩还有其独特的文化功能。在古代中国,5种色彩象征宇宙的5种基本元素:黄色象征土、白色象征金、蓝色象征木、红色象征火、黑色象征水。红色是中国文化中的基本崇尚色,它体现了中国人在物质和精神上的追求。

(三) 色彩与品牌识别

根据相关研究,有95%的品牌只使用一两种色彩。基本的色彩有5种(红、橙、黄、绿、蓝),加上中性的没有特色的色彩(黑、白、灰)。对于色彩的选择,最好是坚持使用5种基本色中的一种,而不是使用介于两者中间的或者是混合的色彩。

如果是为品类开创品牌，则可对色彩进行个性选择，并要与品牌内涵相通，比如，可口可乐选择了红色，代表活力与快乐。相对于可口可乐鲜明的红色识别，百事可乐品牌建立之初并不具备鲜明的市场形象。第二次世界大战期间，为了与战争年代的爱国主义情怀保持一致，百事可乐将瓶盖的颜色改为与美国国旗一样的红、白、蓝三色。此后，百事可乐虽然陆续经历了不同程度的标志变化，但是都没有脱离这三色的范围。为了建立鲜明的自我形象，百事可乐通过对年轻消费者的调查，将商标改为了具有"清新、前瞻的蓝色外观"。

（四）包装与产品中的色彩

1. 包装中的色彩

（1）包装色彩是极其重要的产品识别，其作用不仅表现在影响购买方面，还表现在竞争差异化，甚至品牌内部品类系列差异化的方面。包装色彩差异化策略的关键在于选择富有创意的色彩组合，同时综合考量色彩对人的心理作用、色彩与图形的结合、色彩对品牌内涵的诠释等，从而增强品牌的视觉识别力，吸引受众的视线，让品牌的视觉形象在浩瀚的商海中脱颖而出。

（2）用色彩强化味觉感。如康师傅方便面就以不同色彩的包装象征来区分不同口味，红色取意红烧口味，橙色象征香辣口味，紫色代表酸菜口味，棕色象征酱香口味等，既强化了口味联想，也提升了产品品种的识别性。

（3）用色彩强化品牌联想。色彩对于食品包装，不仅是口味和营养的象征，还可发挥更多价值：可以用蓝、白色表示食品的卫生和清凉，用透明或无色显示食品的纯净、安全，用绿色表示食品的新鲜和无污染，用沉着古朴的色调表明传统食品工艺的历史和神奇感，用红色、金色表示食品的高贵和价值。

（4）产品包装的"色彩"并不一定要通过外在的物质材料来体现，有时"无色透明"的包装反而是最有效的。各种酒类的包装，通常是通过能展现品类属性的无色玻璃瓶或水晶瓶来衬托酒的品质，并在瞬间引发人们的欲望，以天然的酒体颜色凸显品类特色产品的品质。

2. 产品中的色彩

产品自身的外观色彩，与相应的物料材质相结合，更能给人们贴近"灵魂"和"欲望"的体验。玛氏公司给巧克力豆穿上色彩缤纷的"外衣"成为里程碑式的事件，在M&M'S巧克力近年推行的"全球新色彩投票"营销活动中，在来自全世界超过1000万名巧克力爱好者的热情参与下，在紫色、粉红色、水绿色三种颜色的竞争中，紫色胜出，成为"冠军颜色"。

（五）色彩与名称相呼应

色彩不仅是一种记忆和心理感觉，还是一种文化和观念的反映。品牌的色彩定位，最终的目标是创造某种色彩和某个品牌之间的关联——让人能在最短的时间内由品牌联想到某种色彩，也能在看到或"听到"某种色彩时，最快地联想到某个品牌。

国外酒类以色彩命名的例子也很多。以畅销品牌的威士忌酒"尊尼获加"（Johnnie Walker）为例，人们向来很少提及其本名，只以其"级数"的色泽名称而称之。早期，该公司的产品只有"红牌"（RED LABEL）及"黑牌"（BLACK LABEL）两款，前者是普及品，后者则是12年陈的佳酿。近年来，由于饮者的品位越来越高档，酒厂方面又推出多款酒系列，包括纯麦威士忌15年陈的"青牌"（GREEN LABEL）、18年陈的"金牌"（GOLD LABEL）以及被称为"不知年"的"蓝牌"（BLUE LABEL），都是以色彩来代替品牌。

五、品牌口号

品牌口号（Brand Slogan），也称为品牌标识语，是用来传递有关品牌的描述性或说服性信息的短语，常出现在广告中，有一些品牌也会将口号放在包装上。口号对一个品牌而言起着非常重要的作用，如品牌口号可以宣传品牌精神、反映品牌定位、丰富品牌联想、清晰品牌名称和标识等。

相比那些普通的、没有新意的口号，有趣的、意想不到的和有特色的口号更容易得到消费者的偏爱。比如M&M'S延续48年的口号"只溶在口，不溶在手"（Melts in Your Mouth, Not in Your Hand）至今萦绕于心，成为M&M'S品牌不可舍弃的一部分。

好的品牌标识语能起到推广品牌的作用，能够让消费者记忆、想象，最终产生认同。例如，烟台大樱桃品牌"红唇之吻"，其标识语为"樱桃如吻，小心亲咬"；赣南脐橙品牌"实赣派"，其标识语为"山地诚意，赣南脐橙"。如果品牌带给消费者的利益较为具体（如健康营养等），则可以在口号中反映品类信息。反之，如果品牌带给消费者的利益较为抽象（如超越自我、张扬个性等），则不必在口号中涉及品类信息。一般而言，抽象的口号更有助于品牌延伸、联盟等。

六、品牌广告曲

品牌广告曲（Brand Jingles）是用音乐的形式描述品牌，是一种被延伸的品牌口号。

通常它会以广告形式进行传播，如百事可乐的广告曲《百事可乐恰到好处》，以及绿箭口香糖的广告曲《开心加倍，欢乐成双》。

即使是处于不同文化背景、不同地理区域，人类对音乐也有着共同的天然偏好，因此品牌广告曲的可转换性高。同时，广告曲作为一种被延伸的品牌口号，它朗朗上口，易于识记，因此在宣传品牌知名度、强化品牌联想等方面也很有优势。但品牌广告曲也有些不足，它较为抽象，和产品关联较弱，也易于淡化品牌名等。因此，建议营销者在制作广告曲时将品牌名包含在其中，避免消费者"只知其曲，不知其名"。

七、包装的视觉设计

包装（Packaging）是指设计和制造产品的容器或包裹物。包装能为消费者创造方便价值，能为生产者创造促销价值。包装是产品推广的"临门一脚"。有部分学者把包装称为继传统营销组合4P之后的第五个P，详见第四章农产品品牌的包装策略。

要使包装成为"推销员"，就要在包装上通过商标和包装造型有意识地扩大商品之间在质量上的差异，从而起到突出商品特征的作用。设计良好的包装，以一种物化的形式体现一个企业的营销策略、目标市场。

（一）包装规格设计

不同的时代，不同的人群，对包装规格的要求有所不同。随着人们的生活节奏越来越快，人们越来越追求精致、健康、环保的生活理念，尤其是电子商务时代购物便利性的提升使包装小型化成为多数产品的一种趋势。此外，从追求性价比角度出发，同样的价格或相对优惠的价格，但包装规格更大，也会吸引众多追求性价比的人群。

（二）包装诉求设计

包装是品牌自我表达的视觉载体，包装设计传达的信息重点要和品牌定位及传播策略相匹配，以求最快速地传达最关键的信息。每一品类的包装会有一定的共性，而每一品牌的包装都会以共性为基础，结合需要明确表达的重点诉求，凸显品牌的独特定位。

（1）强调产品。包装采取直截了当的表现方法，在包装的展销面上突出产品的形象，也可以用产品的配料成分作为出发点，吸引消费者的注意。

（2）突出品牌。在表现方法上适合以品牌名称和标志为吸引视觉的绝对核心，以品牌色彩和品牌辅助图形作为吸引视觉的元素。

（3）强调价值意义。如需体现产品作为"礼品"的价值和审美感，可以以高品位或高典雅的装饰效果来提高产品价值。

（4）强化包装造型。有些产品可以利用包装的造型来激发消费者的需求欲望。

（5）强化顾客身份。为某些特定对象服务的产品，需考虑到特定消费者的兴趣和爱好，针对客户群的特点设计包装。

（6）演绎文化故事。对本土具有历史性意义的著名产品就可以采用这种方法，以故事情景的连续出现来打动或吸引消费者。

（三）包装的核心表达元素

（1）包装上的人物。看到与"人"的视觉有关的形象时，所引发的反应应该最为丰富宽泛，而且更容易产生情感的投射。

（2）包装上的标志。作为品牌识别的最核心要素，品牌标志在包装的视觉构成中占有重要的地位。如何在包装上使用标志则有"科学"的成分。

（3）包装上的图形。具象的事物更容易引起我们的兴趣，更容易激发我们的联想和想象，也更容易让我们产生鲜明的好感或者负面感受。

（4）包装的具体形式。不同的产品，有不同的包装材质选择；不同材质的包装，有不同的包装图案设计；不同的品牌，还可以通过不同的包装形式体现其独特与价值。一个好的产品包装形式，不仅能对品牌形象建设和品牌价值认知起到积极的促进作用，还能成为一种品牌"战略"。

尽管每种品牌要素角色不同，但它们并非相互独立、相互排斥，相反，各要素如同品牌躯干，共同支撑着品牌的血液和灵魂。只有发挥好各要素之间的协同作用，才能共同服务于品牌这一主体。因此，各要素必须传达相同的品牌含义、联想和形象。只有这样，才能让消费者理解品牌的精髓，最终形成基于顾客的品牌资产。

第三节 农产品品牌形象识别系统

一、品牌形象识别系统的含义

品牌形象识别系统（Corporate Identity System，CIS），是指将企业经营理念与精神文化，运用整体传达系统（特别是视觉传达系统），传达给企业内部与大众，并使其对企业产生一致的认同感，从而达到形成良好的企业形象和促销产品的目的。这一理论在19世纪30年代由雷蒙特·罗维提出，19世纪60年代在美国开始使用，19世纪70年代在日本得到广泛的应用。

形象识别系统是现代企业走向整体化、形象化和系统管理的一种全新的概念，需要将生产系统、管理系统和营销、包装、广告、活动等进行统一管理。具体包括理念识别系统（Mind Identity System，MIS）、行为识别系统（Behavior Identity System，BIS）和视觉识别系统（Visual Identity System，VIS）3个方面，如图3-1所示。一般将理念识别比作"心"，行为识别比作"手"，视觉识别比作"脸"。

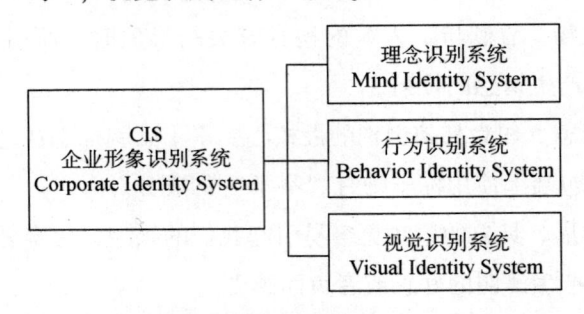

图3-1 品牌形象识别系统构成

（一）理念识别系统

理念识别，指企业由于具有独特的经营哲学、宗旨、目标、精神等要素，从而与其他企业相区别。它是企业的价值观、经营理念、企业精神的综合体现。如麦当劳的"QSCV法则"。

（二）行为识别系统

行为识别，指在企业理念统帅下企业及全体员工的言行和各项活动（教育培训、生产福利、市场调查、产品开发、公关、促销）所表现出的一个企业和其他企业的区别。

它以经营理念为基本出发点，对内建立完善的组织制度、管理规范、职员教育、行为规范和福利制度；对外则是开拓市场调查、进行产品开发，通过社会公益文化活动、公共关系、营销活动等方式来传达企业理念，以获得社会公众对企业的识别与认同。

（三）视觉识别系统

视觉识别是以企业标志、标准字体、标准色彩为核心展开的完整的视觉传达体系，是将企业理念、文化特质、服务内容、企业规范等抽象语意转换为具体符号的概念，塑造出独特的企业形象。VI 在 CI 系统中最具传播力和感染力，最容易被社会大众所接受。

品牌视觉识别的核心意义在于让品牌从竞争中脱颖而出，形成有效的传播和记忆。VI 设计的意义在于将无形的企业及品牌理念有效地转化成易于被人们识别、记忆并接受的一种视觉上的符号系统，有着自己独立的法则和规范。

视觉识别的内容包括基本要素系统和应用要素系统。

（1）基本要素系统：企业名称、企业标志、标准字、标准色、象征图案、吉祥物、宣传口号等。

（2）应用要素系统：办公事务用品、生产设备、建筑环境、产品包装、广告媒体、交通工具、衣着制服、橱窗、陈列展示等。

二、企业形象识别系统的发展

（一）听觉识别（AI）

听觉识别（Audio Identity），是根据人们对听觉视觉记忆比较后得到的一种 CI 方法，是通过听觉刺激传达企业理念、品牌形象的识别系统。

听觉识别的内容包括主题音乐（企业形象歌曲、企业团队歌曲）、标识音乐（用于广告音乐和宣传音乐中）、主题音乐扩展（通过交响乐、轻音乐等进行全方位展示）、广告导语、商业名称等。

（二）环境识别（EI）

环境识别（Environment Identity），是企业通过创造良好的环境改变公众认知和评价的识别系统。环境识别包括企业所处的市场环境、企业内部环境和企业展现给公众的环境。如麦当劳的企业理念 QSCV 中 "C" 即 "Cleanliness"，麦当劳非常重视店堂环境，无论其连锁店开到何地，都能保证干净清洁、宽敞明亮的环境，使全世界的消费者都能享受到麦当劳的美味。

第四章

农产品品牌的包装策略

第一节 包装的含义及其分类

包装设计在现代市场经济体系中的作用已得到了更多人的认可。虽然包装设计对于农产品销售及品牌建设所产生的影响越来越大，但是还有许多人尚未对此形成准确的认识。这就要求一定要切实转变目前农产品在销售过程中的被动、无奈的地位，特别是要通过改进农产品的包装以提升农产品所具有的经济效益，以求真正提升农产品的价值。打造优质农产品、建设品牌和产品营销的第一步便是包装。包装不仅具有产品保鲜、运输保护、便利消费的功能，更是品牌文化的重要载体和产品价值的直观体现，好的包装不仅能促进农产品的销售、提高产品市场竞争力，也是产品品牌塑造的重要途径。

一、包装的含义与构成

（一）包装的含义

国家标准 GB/T 4122—2008 包装术语里对包装的定义为：在流通过程中保护产品、方便储运、促进销售；按一定技术方法所用的容器、材料和辅助物等的总体名称；也指为达到上述目的在采用容器、材料和辅助物的过程中施加一定技术方法的操作活动。

从定义可以看出包装包含两方面内容：一方面是静态的，是指盛装产品的容器或包扎物；另一方面是动态的，指设计、生产容器或包扎物并将产品包裹起来的一系列活动，即包装产品的操作过程。也就是说，包装既是一个名词，也是一个动词，且具有从属属性和商品属性。

（1）名词。盛物器皿，容器，通常称为"包装物"，如袋、箱、桶、瓶、盒等。

（2）动词。包装产品的过程，如装箱、打包、装袋、灌装等。

（3）从属属性。内装产品的附属品，同样有价值和使用价值。

（4）商品属性。实现内装产品价值和使用价值的重要手段。

农产品包装是对即将进入或已经进入流通领域的农产品或农产品加工品采用一定的容器或材料加以保护和装饰。农产品包装是农产品商品流通的重要条件，也是现代市场营销的要求。农产品包装是特定品种、数量、规格、用途等的包装形式，包含每个包装单位的大小、轻重、材料、方式等。农产品包装应按照目标顾客需求、包装原则、包装技术要求进行，以保护农产品，减少损耗，便于运输，节省劳力，提高仓容，保持农产品卫生，便于消费者识别和选购，美化商品，扩大销售，提高农产品市场营销效率。

在现代市场营销中，对商品包装的要求越来越高，早已不再拘泥于过去的保护商品、方便携带的功能。心理学研究表明：在人类接受的信息总和中，由视觉器官获得的信息高达83%，因此，通过包装设计，激发顾客的购买欲望，提高农产品市场竞争力，是农产品营销者必须高度重视的问题。

（二）包装的构成

商品包装包括商标或品牌、形状、颜色、图案、材料、标签等要素。

（1）商标或品牌。商标或品牌是包装中最主要的构成要素，应在包装整体上占据突出的位置。

（2）包装形状。适宜的包装形状有利于储运和陈列，也有利于产品销售，因此，形状是包装中不可缺少的组合要素。

（3）包装颜色。颜色是包装中最具刺激销售作用的构成元素。突出商品特性的色调组合，不仅能够加强品牌特征，而且对顾客有强烈的感召力。

（4）包装图案。包装物上绘制的图案，可以美化产品和表现品牌，如同广告中的画面，其重要性、不可或缺性不言而喻。

（5）包装材料。包装材料的选择不仅影响包装成本、性能和形象等，而且影响商品的市场竞争力。

（6）产品标签。附在商品销售包装上的文字、图案、雕刻及印制说明。在标签上一般都印有包装内容和产品所包含的主要成分，如品牌标志、产品质量等级、产品厂家、生产日期和有效期、使用方法等。

二、包装的分类

现代包装种类很多，因分类角度不同形成多种分类方法。

（一）按照产品性质划分

按照产品性质可以划分为销售包装和储运包装。

1. 销售包装

销售包装又称商业包装，可以分为内销包装、礼品包装、经济包装等。销售包装是直接随商品进入零售网点与消费者或用户直接见面的包装。因此，销售包装的设计要有准确的定位，力求既简洁大方、方便实用，又能体现商品性。销售包装信息应包括文字说明、条形码、二维码等。

（1）销售包装的文字说明。在销售包装上应有必要的文字说明，如品名、产地、数量、规格、成分、用途和使用方法等，文字说明要同画面紧密结合，互相衬托，彼此补充，以达到宣传和促销的目的。

（2）销售包装的条形码。计算机能自动地识别条形码，确定品名、品种、数量、生产日期、制造厂商、产地等，并据此在数据库中查询其单价，进行货款运算，打出购货清单，能有效地提高销售效益和准确性。

（3）销售包装的二维码。首先，二维码可以展示产品信息。用户通过手机扫描二维码就可获取商品的各种信息，如查看产品信息、电子使用说明书以及企业文化和演示视频等。企业可通过视频、音频、文字、图片等多重手段，全面介绍商品的信息，可包含商品故事来源、用法、品牌、产地、厂址、体积、使用场景、宣传视频、溯源信息、企业介绍、招商代理等。其次，企业可以利用二维码进行电商引流。用户扫描产品上的二维码，引导至天猫、京东、微店、亚马逊和自有电商平台等，引导消费者继续购买该商品或者购买该商品的关联商品。二维码直接设计在包装中，不用二次印刷，降低成本；用户扫描二维码选择进入电商平台购买物品，不用再跳转平台，可站内交易，从而降低用户交易流失率，有利于提升用户体验，增加产品的复购率。

2. 储运包装

储运包装是以商品的储存或运输为目的的包装。它主要在厂家与分销商、卖场之间流通，便于产品的搬运与计数。其包括内包装、衬板、泡沫塑料级替代品、气垫薄膜、现场发泡、填料等包装形式。

（1）内包装。易碎品内包装最主要的功能是提供内装物的固定和缓冲。合格的内装物包装可以保护易碎品在运输期间免受碰撞及振动，并能恢复原来的形状以提供进一步的缓冲作用。

（2）衬板。用瓦楞纸衬板作为内部包装，可以提供良好的商品固定性能，能够避免易碎品之间的相互碰撞，降低破损率。由于制作材料是瓦楞纸，与瓦楞纸箱材料一致，利于统一回收，符合环保需求，成本也很低。与箱体底部接触的物品由于所承受压力较大，受损概率也较大，通常在箱底添加一层瓦楞纸隔板来降低受损率。此外，还可以用塑料制作的隔板，塑料隔板一般采用高密度聚乙烯（HDPE）或聚丙烯（PP）挤出或挤压成型，具有低成本、抗弯折、耐冲击、无污染、抗老化、耐腐蚀、防潮防水等多种优点。

（3）泡沫塑料及替代品。泡沫塑料及替代品主要有以下几种形式。

泡沫塑料：具有良好的缓冲性能和吸振性能，材质轻、保护性能好、适应性广等。

发泡PP：不使用氟利昂，具有很多与发泡聚苯乙烯相似的缓冲性能，它属于软发泡材料。

蜂窝纸板：具有承重力大、缓冲性好、不易变形、强度高、符合环保、成本低廉等优点。

纸浆模塑：吸附性好、废弃物可降解，且可堆叠存放，大大减少运输存放空间。但其回弹性差，防震性能较弱，不适用于体积大或较重的易碎品包装。

（4）气垫薄膜。也称气泡薄膜，对于轻型物品能提供很好的保护效果。使用时，要用多层以确保产品（包括角落与边缘）得到完整的保护。

（5）现场发泡。现场发泡，主要是利用聚氨酯泡沫塑料制品，在内容物旁边扩张并形成保护模型，特别适用于小批量、不规则物品的包装。现场发泡最大的特点在于可在现场成形，无须使用任何模具，特别适合于个别的、不规则的产品，或贵重易碎品的包装，可广泛用于邮政、快递等特殊场合。

（6）填料。在包装容器中填充各种软制材料作缓冲包装。材料有废纸、植物纤维、发泡塑料球等。但填充料难以填充满容器，对内装物的固定性能较差，而且包装废弃后，不便于回收再利用。

（二）按包装大小划分

按包装大小可以分为内包装、中包装、大包装三类。

1. 内包装

内包装也称个包装或小包装。它是与产品亲密接触的包装，与商品同时装配出厂。商品的小包装上多有图案或文字标识，具有保护商品、方便销售的作用。设计内包装时，更要体现商品性，以吸引消费者。

2. 中包装

中包装主要是为了增强对商品的保护、便于计数而对商品进行组装或套装。

3. 大包装

大包装也称外包装、运输包装。主要作用是提高商品在运输中的安全性，且便于装卸与计数。商品外包装大都标明产品的型号、规格、尺寸、颜色、数量、出厂日期，再加上一些视觉符号，诸如小心轻放、防潮、防火、堆压极限、有毒等。

（三）按照包装防护技术方法划分

按包装防护技术方法可以分为真空包装、抗菌包装、缓冲包装、防辐射包装、脱氧包装、防伪包装。

1. 真空包装

真空包装也称减压包装，是将包装容器内的空气全部抽出密封，使袋内处于高度减压状态。其包装类型有塑料袋内真空包装、铝箔包装、玻璃器皿、塑料及其复合材料包装等。可根据物品种类选择包装材料。由于鲜活农产品尚在进行呼吸作用，高度缺氧会造成生理病害，因此，鲜活农产品使用真空包装的较少。

真空包装具有以下优点：

（1）排除了包装容器中的部分空气（氧气），能有效地防止食品腐败变质。

（2）采用阻隔性（气密性）优良的包装材料及严格的密封技术和要求，能有效防止包装内容物质的交换，既可避免食品减重、失味，又可防止二次污染。

（3）容器内部气体已排除，加速了热量的传导，既可提高热杀菌效率，也避免了加热杀菌时，由于气体的膨胀而使包装容器破裂的情况。

2. 抗菌包装

抗菌包装是活性包装中最重要的一种，通过使用具有杀菌作用的包装材料，抑制储藏过程中食品微生物的生长并避免食品的二次污染，从而延长食品的保质期。

3. 缓冲包装

缓冲包装又称防震包装，是指在产品包装系统中合理选择具有良好能量吸收性或耗散性的材料作包装容器或衬垫材料，使系统内产品或元件受到的冲击最小，已达到保护商品的目的。其主要原理是利用包装材料的缓冲特性，延缓冲击作用时间，避免过激的冲击力。

缓冲包装的设计原则如下：

（1）产品在包装容器中要固定牢靠，不能活动，对其突出而又易损的部位要加以支撑，同一包装容器有多件产品时，应进行有效隔离。

（2）选择合适的缓冲衬垫，缓冲衬垫的面积视产品或内包装的重量、缓冲材料的特性而定。总之，缓冲衬垫所受的静压应力应合适。

（3）正确选择缓冲材料，产品的品种、形状、重量、价值、易损性等的不同，对缓冲材料的要求也不同。

（4）包装结构应尽量简单，便于消费者取出产品。

（5）设计时应对各种因素进行综合考虑，如计算振动量时，既要考虑共振时包装件整体的响应，又不可忽视对产品关键构件或易损构件的响应。

4. 防辐射包装

防辐射包装是指通过包装容器及材料防止外界辐射线损害内容物品所采取的防护性包装措施。防辐射包装的方法包括防光辐射包装和防电磁辐射包装。

（1）防光辐射包装。采用能防止光线透过的黑色纸、炭黑型导电塑料膜、铁皮等材料制成容器，可有效防光辐射。导电性纸盒和导电性瓦楞纸箱、硬质密闭塑料盒、金属容器均可作光敏感产品的运输包装容器，当然还需要保证密封与无漏光的措施。

（2）防电磁辐射包装。对于各种电子元器件、电子精密仪器、医疗器械、计算机、自动化办公设备等对电磁辐射十分敏感的产品，通常都需要采用防电磁辐射包装方法。

5. 脱氧包装

脱氧包装是指在密封的包装容器中，使用能与氧气发生化学作用的脱氧剂与之反应，从而除去包装容器中的氧气，以达到保护内装物的目的。脱氧包装适用于食品包装，对贵重金属、仪器、仪表等的长期封存、防锈、防霉也有良好作用。

脱氧包装的特点如下：

（1）克服了真空包装和充气包装去氧不彻底的缺点，还具有所需设备简单、操作方便、高效、使用灵活等优点。

（2）在食品包装中封入脱氧剂，就不必在食品生产工艺中加入防霉和抗氧化等化学添加剂，从而使食品安全、卫生，有益于人们的身体健康。

(3) 采用合适的脱氧剂，可使包装内部的氧含量降低到 0.1%，食品在接近无氧的环境中储存，防止其中的油脂、色素、维生素等营养成分的氧化，较好地保持产品原有的色、香、味和营养。

(4) 比真空和充气包装能更有效地防止或延缓需氧微生物所引起的腐败变质，可适当增加食品中的水分含量，并可适当延长产品的保质期。

在使用脱氧包装时必须注意：脱氧剂对人体安全无毒，不能与包装物发生反应；脱氧剂储藏时的温度不能太低；脱氧剂在使用前应密封在气密性好的包装容器中；根据不同的脱氧需求选用适宜的脱氧剂；包装需保持一定气压。

6. 防伪包装

防伪包装建立在包装三大功能（保护功能、方便功能和促销功能）的基础上，是包装保护功能的补充与完善。防伪包装可定义为借助于包装，防止商品在流通与转移过程中被人为窃换和假冒的技术与方法。

（四）按照包装产品经营方式划分

按照包装产品经营方式可以划分为内销产品包装、出口商品包装和特殊产品包装。

1. 内销产品包装

内销产品包装即为适应商品在国内的销售所采用的包装，具有简单、经济、实用的特点。

2. 出口产品包装

出口产品包装是为了适应商品在国外的销售以及国际运输而采用的包装。因此，在保护性、装饰性、竞争性及适应性上要求更高。

3. 特殊产品包装

特殊产品包装是工艺品、文物、军需品等采用的包装，一般成本较高。

（五）按照销售形式划分

按照销售形式可以划分为系列包装、礼品包装、陈列包装。

1. 系列包装

系列包装是指企业采用相同或相似的视觉形象，利用统一协调的包装设计手法，起到提高设计和生产效率、推广商品形象、树立企业形象、提高销售利润的作用。系列包装具有系列化和统一化的特点，要求在版式统一、色彩系列鲜明、造型风格一致、材质表现风格一致的前提下，富于变化。

产品的多样化：个性、专业化特色设计；先进包装技术的开发设计与人性的结合等因素促使系列化的包装设计成为必然。

2. 礼品包装

作为销售包装的一种，礼品包装不仅要满足基本的包装功能，还要传递人与人之间尊敬、爱慕、沟通等情感的交流信息。其包装一般都具备造型优美、图案华丽、用材讲究等特点。

3. 陈列包装

陈列包装又称广告式包装或 POP 包装，它是以宣传商品品牌形象、促进商品销售为目的的包装形式。一般采用展开式、吊挂式、陈列式等特殊的包装结构和宣传式的视觉传达设计来促进商品的销售。

（六）按照包装结构划分

按照包装结构可以划分为开窗式包装结构、抽屉式包装结构、组合式包装结构、异形包装结构、携带式包装结构、易开式包装结构、喷雾式包装结构、配套包装结构、礼品包装结构、软包装结构、方便型小包装结构、食品快餐容器包装结构、桶状包装结构。

1. 开窗式包装结构

这种形式的纸盒常用在玩具、食品等产品中。这种结构的特点是开窗的部分选用透明材料，能使消费者一目了然地看到内容物，增加商品的可信度。

2. 抽屉式包装结构

这种包装形式类似于抽屉的造型，结构牢固，便于多次使用。

3. 组合式包装结构

组合式包装结构多用于礼盒包装中，这种包装形式中既有小包装又有中包装，其特点是贵重精致，成本较高，如茶叶包装、月饼包装、酒包装等。

4. 异形包装结构

异形包装追求结构的趣味性与多变性，常适用于一些性格活泼的产品，如小零食、糖果、玩具等。这种包装结构形式较为复杂，但展示效果好。

5. 携带式包装结构

携带式包装结构是以便于消费者携带而考虑的，设计时，长、宽、高的比例要恰当。

6. 易开式包装结构

易开式包装结构是具有密封结构的包装。像纸、金属、玻璃、塑料的容器，在封口严密的前提下，同时要求开启方便。

7. 喷雾式包装结构

这种包装结构，虽然增加了成本，但是使用方便，因此具有很强的销售力。

8. 配套包装结构

配套包装结构是把产品搭配成套出售的销售包装，配套包装的造型结构主要考虑把不同种类但在用途方面有联系的产品组织在一起销售的包装。

9. 礼品包装结构

专门为礼物进行的包装为礼品包装。礼品包装的设计要求独具匠心，因此造型结构追求较强的艺术性，同时具有良好的保护产品的性能。

10. 软包装结构

此包装结构就是包装材料能产生一定形变，在填充或取出内装物后，容器的形状发生了变化或没有变化的包装。具有保鲜度高、轻巧、不易受潮及方便销售、运输和使用的作用。

11. 方便型小包装结构

此包装结构也可称为一次性商品使用包装，体积小、结构简单，便于打开。

12. 食品快餐容器包装结构

随着快餐业的普及而快速发展起来的包装。具有清洁、轻便和随时可以直接用餐等许多优点。

13. 桶状包装结构

能盛装一定重量的带有手提结构的容器。它主要用于液体类的产品，如油类等。设计主要注重于桶体结构的造型以及手提部位功能的合理性这两方面。

（七）按流通领域的作用划分

按流通领域的作用可以划分为物流包装和商流包装。

1. 物流包装

（1）运输包装。我国的国家标准《物流术语》（GB/T 18354—2006）中将运输包装定义为"以满足运输、仓储要求为目的的包装"。主要作用在于保障商品在运输、储存、装卸和检验过程中的安全,并方便储运装卸,易于货物的交接和检验。

(2)托盘包装。托盘包装就是单元货物的承载物。托盘包装是将若干商品或包装件堆码在托盘上,通过捆扎裹包或胶贴等办法加以固定,形成一个搬运单位,以便使用机械设备搬运。以托盘为单位的包装件是物流包装标准化的产物,它便于机械作业和运输。

(3)集合包装。集合包装是将一定数量的包装件或商品,装入具有一定规格、强度及适宜长期周转使用的大包装容器内,形成一个合适的装卸搬运单位的包装,如集装箱、集装托盘、集装袋等。

2. 商流包装

商流包装是传统包装功能的延伸,实质是促销包装,因此,在设计时重点考虑的是包装物的造型、结构和装饰,目的在于通过包装物来展示和说明商品。

(八) 按包装容器的特征划分

根据包装容器的不同特征可以划分为不同类别:按容器形状可分为包装袋、包装箱、包装盒、包装瓶、包装罐等;根据容器硬度可分为软包装、硬包装和半硬包装;按容器使用次数可分为固定式包装、折叠式包装、拆解一次性使用包装、周转使用包装、转作他用包装;按容器密封性能可分为密封包装、非密封包装和半透膜包装;按容器档次规格可分为高档包装、中档包装、普通包装和简易包装等。

第二节 包装的功能与策略

一、包装的功能

(一) 保护功能

保护功能是包装最基本的功能,即保护商品不受各种外力的损坏。在开始包装设计之前,首先要想到包装的结构与材料,保证商品在流通过程中的安全。防止振动与冲击、防水防潮、防止温度的高低变化、防光线和防辐射、防止与空气及环境接触、防偷盗、防虫害、防挥发、防酸碱腐蚀。包装的破损往往会导致产品丢失或损坏，因此也要考虑包装的安全性。

除了以上所述因素，防虫害、防挥发、防酸碱腐蚀等许多方面都应该根据产品的实际要求来考虑。

（二）便利功能

产品从生产商到消费者手中，直到它被废弃回收，无论从生产者、仓储运输者、代理销售者还是消费者的立场上来看，都应该体现出包装所带来的便利。

1. 生产制造者的便利性

（1）包装的生产、加工工序是否简单和易操作及适合机器大规模生产。

（2）空置包装能否折叠、压平、码放，以节约空间。

（3）开包、验收、再封包的程序是否简便易行。

（4）包装可否便于回收再利用以降低成本。

2. 仓储运输者的便利性

（1）运输和搬运方便、规格统一、空间占据量合理、装载效率高。

（2）在仓储和搬运过程中包装袋的尺寸及形状是否能配合运输、堆码的机械设备。

（3）包装上的商品名称、规格、各种标志应有较强的识别性以便于高效率地操作。

3. 代理消费者的便利性

代理消费者的便利性体现在搬运及保管容易、识别性强、陈列简单易行、展示宣传效果好、展示及销售时便于开启和封闭。

4. 消费者的便利性

消费者的便利性主要体现在使用的方便性和包装空间的便利性两个方面。使用的方便性集中体现在消费者使用上的方便，合理的包装应使消费者在开启、使用、保管、收藏时感到方便。包装空间的方便性对降低流通费用至关重要。按照人体工程学原理，结合实践经验设计的合理包装，能够节省人的体力消耗，使人产生一种现代生活的享乐感。

开启和闭合都非常方便，体现消费者使用的方便性；易拉罐的开口方式，既保鲜又方便；不能一次性用完，就要考虑包装的耐用性；水果、蔬菜等带有一定重量的产品，应考虑采用提手式包装结构，便于携带。

（三）促销功能

设计精美的产品包装，可起到宣传产品、美化产品和促进销售的作用。包装既能提高产品的市场竞争力，又能以其新颖独特的艺术魅力吸引顾客、指导顾客，成为促进消费者购买的主导因素，是产品的无声推销员。

用独特的、美观的、实用的外形结构来吸引消费者，通常称为结构设计；通过图形、色彩及文字的吸引力、说服力来吸引顾客购买，通常称其为图形设计。包装正确把握商品的诉求点，可以充分表现其商品功能，起到引导消费的作用。

（1）外观诉求：商品的外形、尺寸、造型设计风格。

（2）经济性诉求：价格、形状、容量、质量等。

（3）安全性诉求：说明标注、成分、信誉度。

（4）品质感诉求：醒目、积极感、时尚性。

（5）特殊性诉求：个性化、流行化。

（6）所属性诉求：性别、职业、年龄、收入等。

（四）识别、美化及增值功能

1. 包装的识别功能

包装的识别全靠外包装的样子，有些产品原来的样子是普通的，但是经过包装之后，产品的可识别性大大增强，让人一眼就能看出此产品的生产原料，或者包装之后能看到该商品的使用方法。

2. 包装的美化功能

优秀的包装设计，能以其精巧的造型、合理的结构、醒目的商标、得体的文字和明快的色彩等艺术语言，直接刺激消费者的购买欲望，不仅美化了商品，还对商品的识别性起到了很大的作用。包装的识别及美化功能直接决定了该商品的销售功能。

3. 包装的增值功能

在原材料价格日益上涨，人力成本、管理成本等支出越来越高的环境下，几乎所有的企业都在思考促使产品增值的问题。增值包装，是新环境下的包装需求。为顺应时代需求，有许多增值包装相继而出。

（五）心理功能

消费者长期以来对商品类别的视觉印象已经形成了比较固定的认识，比如源自商品本身特征的商品形象色，绿色代表蔬菜、健康，棕色代表茶、稳重，黄色代表黄油、奶酪、蛋黄酱等。产品品质追求一流，在包装设计上和广告宣传上做到简洁，而且风格一致，这样可以形成视觉强烈的品牌形象。现代消费者的消费心理已经相当成熟，市场已经进入个性化消费的时代，商品的品质和个性成为消费者的首选。包装设计也更趋向个性化，向突出商品品质、品牌形象、商品个性的方向发展。此外，包装不能利用人们的消费心理在包装上进行夸大的宣传，或者仿造知名品牌包装以误导消费者。

二、农产品营销的包装策略

一个设计良好的包装，以一种物化形式体现一个企业的营销策略。符合设计要求的包装固然是良好的包装，但良好的包装只有同包装策略结合起来才能发挥其应有的作用。

（一）类似包装策略

类似包装策略是指企业所生产经营的各种产品，在包装上采用相同的图案、色彩或其他共有特征，从而整个包装外形相类似，使顾客容易注意到这是同一家组织生产的产品。类似包装策略的主要优点是：可以节省包装设计、印刷的成本；有利于树立企业的形象，一系列格调统一的产品包装势必会使消费者受到反复的视觉冲击，从而形成深刻的印象；有利于新产品上市，通过类似包装可以利用企业已有的信誉，使新产品迅速在市场上占有一席之地。当然，类似包装适用于质量水平、档次相近的产品，不适于质量等级相差悬殊的产品。否则，会对高档优质产品产生不利影响，并危及企业在市场中的信誉。

（二）等级包装策略

等级包装策略是指企业所生产经营的产品，按质量等级的不同实行不同的包装。把高档、中档、低档产品分别开来后，采用相应的包装，使产品的价值与包装相一致，一般产品采用普通包装，而优质高档产品则采用精美包装。例如，将不同质量等级的水果，采用不同等级的包装，从整体上可以提高企业的收入。等级包装虽然在包装费用上不像类似包装那么节约，但整体效益可能好于类似包装策略。

（三）组合包装策略

组合包装策略亦称综合包装、配套包装，是指企业把应用时互相有关联的多种商品纳入一个包装之内，同时出售。这种策略，既为消费者购买、携带、使用和保管提供了方便，又有利于企业扩大产品销路、增加产品销量、推广新产品。典型地，在超市中销售的水果果篮，多种水果组合在一起，不仅方便了顾客购买和食用，也有利于新品种水果的销售。

（四）再利用包装策略

再利用包装，又叫多用途包装，指在用户将包装容器内的商品使用完毕后，这一包装容器还可继续利用，可能用于购买原来的产品，也可能用作其他用途。例如，同样是水果果篮，如果果篮设计得非常精美，顾客在品尝完水果后，还可以将果篮作为收纳物品的容器或作为摆放的装饰物，这样的水果果篮既有助于引起顾客的购买兴趣，又可以促进其重复购买，摆放或重复使用中还能起到广告作用。

（五）附赠品包装策略

这种策略是在产品的包装容器中附加一些赠品，以吸引顾客购买的兴趣。在儿童食品的销售中，经常采用这种策略，例如，儿童饼干、糖果等包装中附赠连环画、认字卡片、贴纸等。农产品销售中也可以尝试采用这种策略，包装中附上一些对顾客而言比较有吸引力且比较实用的赠品，比如水果刀、削皮刀、食谱等，这样的包装策略有明显的促销效果。

（六）创新包装策略

创新包装策略是指企业随着产品的更新和市场的变化，相应地改革包装设计。在现代市场经营中，产品包装的改进，如同产品本身的改进一样，对市场营销有着重要的作用。如果企业的产品与其他同类产品的内在质量近似，而销路却不畅，可能就是包装设计的问题，此时应注意变换包装，推出有新意的包装，以改变销售不畅的状况。因此，企业经营管理人员应在市场上多搜集有关包装表现的信息，不断改进产品包装，及时采用新材料、新技术，精心设计新造型，创造新颖独特的包装来最大限度地发挥包装的作用。

第三节 农产品包装设计

一、农产品包装设计原则

农产品丰富多样，消费者选择空间大。设计的包装要准确地传达农产品的优势及特点、凸显品质，打动购买群体，做好农产品的"嫁衣"后转化为商品，促进销售。农产品包装设计需要遵循以下原则。

（一）安全方便设计原则

安全使用功能是农产品包装设计的核心。古人从采用果壳、贝壳、树叶到使用泥土烧制陶器来盛装水和食物，使安全性延伸、增加美观性。包装所使用的纸张等材料、造型形态、包装外观结构等系统环节需要周密严谨的设计。包装要保护产品由产地运输到顾客手上，这个过程既要保护好商品，也要兼顾方便搬运、存储、装卸、流通销售等各个不同环节。

（二）人性化设计原则

农产品有包装后方便携带和使用，为提高工作效率和改善生活质量起到重要作用。包装设计根据不同农产品，考虑到属性、结构、化学、物理、使用等情况，力求更好地服务于生活而进行设计。乡村农产品种植发展到一定规模后，包装后期生产要考虑机械化、批量化、专业化的加工生产线，兼顾实地资源，厘清成本与效率及效益之间的关系。超市商品包装在便利储运、便利销售、便利使用、便利回收等方面的人性化设计日渐成熟，农产品包装设计在此基础之上，结合产品特点、区域环境、销售渠道、使用人群、年龄阶段、人体工学等细节，扬长避短，优势互补。

（三）商业品牌塑造原则

新推广的农产品，通过外包装准确且清晰地告知消费者产品名称、使用方法、产品成分、营养功效、适用人群、保存方式、注意事项等信息，包装设计师设计出新颖视觉语言进行版式设计、工艺表现、结构创新等技法去美化与表达。包装设计之前做好产品的定位分析，卖什么（商品名称）、在哪里卖（渠道）、卖到哪里去（销售市场）、产品卖给谁（消费群体）等。农产品行业发展快速，产品走向市场时，需要有商业策划，注册LOGO，确定产品名称等。把成功的商品策划和设计的方法借鉴到农产品推广销售等方面。塑造好产品自己的品牌形象，为产品走向市场和企业发展做好基础工作。

（四）突出地域文化内涵原则

包装设计是一门以文化为本位，以生活为基础，以当代需求为导向的设计学科。包装设计由使用功能延伸到文化媒介载体、体验等多重意义的文化活动，它不仅是物质功能的体现，也是精神文化的综合体。不同的商品被赋予了一定内容的文化内涵，销售商品的同时，也以包装载体展示企业部分历史、地域传统文化、地方风土人情、民族精神等。文化是企业无形的资产和财富。农产品再现或挖掘自身的文化基因后，使用准确生动的视觉形象语言传达在外观包装上，既美化了包装，又在一定程度上避免了产品同质化的现象。在历史演变进程中，农产品的包装也是传承文化的载体之一。传统文化延续时间久远，各地文化各有特色。农产品包装要方便推广与宣传，需要从文化中去找创作依据。文化是设计的宠儿，它的发展与传承都是以生活为基础，以质量为依托，而不断演绎变化。农产品包装设计时再次提炼地域文化，设计出经典包装，满足农产品物质使用功能的同时，提升农产品附载的文化功能，给顾客精神文化享受。

（五）突出绿色环保设计原则

农产品包装设计时，可以因地制宜，就地取材，采用树、竹、藤、草、筋等植物包装材料。选用绿色环保材料设计后的商品包装，坚持绿色包装设计，利于产品本味属性保护，利于消费者身体健康，减少污染，方便处理与回收，利于保护人类生存的生态环境。四川雅安、宜宾等地有丰富的竹林资源，当地农产品豆瓣酱、月饼采用竹子材料制作包装，既实用又特别。广泛采用竹材料做农产品包装，区别了大量的纸质、铁、皮革、塑料等包装材料，降低了油墨和塑胶等化工合成材料，注重了健康，提高了竞争力。

（六）提升艺术美设计原则

中国土地面积广阔，农产品种植技术不断提高和推广，种植户快速增多，竞争日趋激烈，要使产品提高市场占有率，提升销售量，增加经济收益，则需要外观良好的商品包装。5G互联网技术和人工智能加快了文明进程，快速提升了大众审美素养和对美的要求，老旧风格包装淘汰较快，商品差异化及对比性增强，顾客选择性扩大，不同商家的农产品包装设计要不断推出赏心悦目的、有艺术美的新品。包装设计师要考虑使用产品当地的天然材料，考究新材质、新技术、新工艺等多维度，整合设计出结构个性独特、视觉鲜明有特色的包装，彰显包装设计魅力。

二、农产品包装设计的要求

（一）优化农产品包装设计形象

通常情况下，在进行农产品品牌销售的过程中，大多数人并未意识到农产品包装设计的重要性，因而在一定程度上阻碍了农产品包装设计的发展。但是，随着人类生活水平的提高和生活理念的转变，农产品企业不能再忽视消费者对高水平生活质量的追求，要遵循市场的发展规律，并在此基础上意识到产品包装设计的重要性。对于现有农产品包装设计层次不合理所引发的农产品品牌营销不理想的问题，则需要通过加大对产品包装设计作用的宣传力度的方式来解决，必要的时候也需要相关部门给予干预，加强对农产品品牌营销市场的监管，从而使农产品企业重视产品包装设计，提高对自主品牌的保护意识。同时，产品包装设计的发展还可以推动农产品包装设计的行业"洗牌"，因此要想在未来发展中占领一定的市场份额，就需要优化农产品包装设计形象，使之与消费者的基本需求相匹配，从而更好地提升企业自身的市场竞争力，提高农产品企业的核心价值。

（二）农产品包装设计要展现产品特征

在对农产品进行包装设计时，要能够从农产品品牌营销的角度出发，以更好地展现农产品特征，更好地塑造农产品品牌形象。实际上某一种或者某一类产品所进行的包装设计，要具备一定的产品特征，一旦农产品包装设计脱离自身的产品特征，就容易"皮之不存，毛将焉附"。目前，大多数农产品企业开始对农产品包装设计给予重视，并开始对传统农作物进行挖掘，以便发现其中独特的文化色彩。例如，长江下游的香稻谷、大西北的红高粱等。又如，茶文化在我国各个地区都有非常广泛的发展，并且不同地区的茶包装都独具当地特色，从而使品茶之人可以对该地区的茶文化有所了解和掌握。此外，大部分的农产品还蕴藏着非常多的良好品质，不仅可以供人食用，还可以从不同的角度来启迪人生，告知消费者如何做人、如何做事、如何生活。作为一种物质文化，将农产品包装设计引入农产品品牌营销之中，不仅能够为购买者带来物质的享受，而且可以给他们带来一种精神上的享受。

（三）农产品包装设计要展现区域特征

任何类型的农产品都有其独特的生长区域，因为在不同的气候和土壤条件下所生长出来的农产品是不一样的，就好比一方水土养育一方人，同样一方水土会孕育具有一定区域特征的农产品。同时，一定区域的农产品也会推动该区域的农产品经济和文化的发展。因此，在进行农产品包装设计的过程中，要尽可能地展现区域特征，从而实现对该区域文化的有效宣传，并推动该区域经济文化的发展。此外，消费者透过农产品包装设计中所展现的区域特征，还可以对当地的文化有所了解和掌握。

三、包装设计程序

（一）前期策划

前期策划包括了解企业基本情况、了解产品的本身特性、了解产品使用者的心理特征、了解产品销售方式、了解产品的相关经费、进行市场调研。

1. 了解企业基本情况

在对产品进行包装设计之前，要对企业的基本情况有所了解，包括企业和该品牌的背景信息、产品的信息以及所涉及的市场范围、市场上哪些同类的产品与之竞争、产品的目标市场人群、预算和成本问题、生产中的各项问题及限制因素、相关的管理规定以及各种环保政策等。

2. 了解产品的本身特性

包装设计的风格应取决于商品的"性格特征"，古朴与时尚、柔和与强烈、奔放与典雅都是商品的"性格特征"，这些特征应该在包装设计中用视觉语言准确地传达给消费者，也就是说，包装设计的艺术个性应建立在商品内容特征的基础上，以体现出目的性与功能性。

3. 了解产品使用者的心理特征

包装设计要依据消费者的审美、喜好、消费习惯来进行定位设计。通过委托人提供的资料和市场调研，可以对消费人群的购物类型、生活习惯、审美情趣和个人态度有一定的认识，从而有针对性地对消费人群进行设计。一般可以从消费者讲求实惠的心理、追求审美的心理、追求流行时尚的心理、追求名牌的心理、从众的心理、喜新厌旧的心理等方面进行分析和考量。

4. 了解产品的销售方式

了解产品的销售方式，对设计有前提性的作用。能决定包装的功能侧重（保护性、装卸性、便利性、标志性、经济性、环保性），同时也应考虑到包装的弊端和制约条件。现在的包装形式也因为各种各样的运输形式而与之相适应。为了让商品变得更有竞争力，包装也应设计得更利于消费者使用和携带，从而减少产品的运输成本，优化消费者体验。

5. 了解产品的相关经费

了解企业的包装总体预算和每一个阶段设计的费用预算，包括照片式或插画式的原创图像的制作、印刷成本以及其他成本等。或者以小时或天数为单位计算费用，也可以就整个设计项目确定一笔固定数目的费用。

6. 进行市场调研

进行市场调研时，通常采用访问法、观察法以及实验法等直接调查或间接调查方式。

（1）市场调研的内容。一是目标市场调研。目标市场调研包括消费者、销售地点、消费层次以及预想与实际之间差异性的调研。其中，消费者调查的项目包括年龄、性别、职业、种族、宗教、收入、教育、居所、购买力、社会地位、家庭结构、购买习惯、品牌忠实度等，可按需要选择相应的调查项目。调研售卖场位置（主力或附属）、面积、商品的展示方式，销售地点从大范围上可划分为国外、国内、城市、乡村、民族地区等，从小范围上可划分为批发、零售、超市、普通商场等。二是商品及包装调研。商品及包装调研包括产品生产单位的名称和基本情况、产品的品名（有无标准字体）、产品所用的原材料及其特性、产品外观造型、产品的色彩、产品生产工艺及加工精度、产品的用途及使用方法、产品的商标、产品档次、产品竞争对手的情况和竞争措施、产品原包装情况等。

（2）市场调研的分析。一是产品分析。对产品进行分析，必须从产品的原料成分、价值、类型等方面进行，并从中发现产品的个性特征，从而判断该产品是高档还是低档，将针对怎样的购买群体，树立什么样的形象。同样的产品在不同的销售地区和消费群体中其设计结果是不同的，在不同身份、地位和收入的消费者中的意义也是不同的。二是市场分析。首先是对市场进行划分，即根据用户的不同情况区分不同的市场层面。在市场划分以后，应确定包装产品的目标市场，即包装产品主要面对哪个市场层面并分析该市场的规模大小、产品供应情况，本产品在该层面上的市场占有率，即本产品在同类产品销售中所占的比重、份额，供求发展方向和具体销售方式以及市场潜在的需求量，同类竞争产品的成本、价格、市场占有率及与自己产品相比较的优劣状况等。

（3）市场调研的总结。整理市场调研收集到的相关信息，进行总结，并根据需要写出简明扼要、观点明确的调研报告。调研报告所提出的观点应与调研搜集的材料保持一致。同时，报告要对调研内容进行客观的整理、归纳和总结，而且要提出设计中所要解决问题的重点与解决的方法。

（二）设计定位

在消费日趋个性化，营销手段多样化的现代，包装设计从以往的保护商品、美化、促销等基本功能演变为更加侧重设计表现的个性化、多视角的时代特征。现代包装设计的定位通常是通过品牌、产品和消费者这三个基本因素体现出来的。

1. 品牌定位

知名品牌会带来无形资产和形象力，也会带动此品牌其他产品的销售能力。顾客会购买熟悉的或者是知名的产品。这是形象力给消费者品质的保障和消费的信心，给予消费者信赖的感觉。

（1）色彩。通过产品"形象色"的设计，给消费者强烈的视觉印象。

（2）图形。品牌的图形包括宣传形象、卡通造型、辅助图形等，在包装设计中以发挥图形的表现力为主，使消费者在潜意识里联系图像与产品，利于产品的形象宣传。

（3）字体。品牌的字体由于其可读性、标识性和个性成为突出品牌形象的主要表现手法之一。

2. 产品定位

（1）产品内容定位。产品内容定位就是把产品的内容直观地表现在包装上，让消费者第一眼就能知道产品到底是什么，做什么用的。或者设计成与产品有直接关系的某种物体，直观而有冲击力。例如优蜜推出一款香蕉牛奶，就是典型的产品内容定位，和其他牛奶类型不一样。

（2）产品特色定位。产品特色定位是把与同类产品相比较而得出的个性作为设计的一个突出点，它对目标消费群体具有直接有效的吸引力。

（3）产品功能定位。产品功能定位是将产品的功效和作用展示给消费者以吸引目标消费群。

（4）产品产地定位。某些产品的原材料由于产地不同而产生了品质上的差异，因而突出产地就成了一种品质的保证。

（5）产品传统定位。在包装上突出对传统文化及民族特色文化的表现，对于传统产品、地方传统特色产品和旅游工艺品等具有非常贴切的表现力。

（6）产品纪念定位。在包装上结合大型庆典、节日、文体活动等带有纪念性的设计，以争取特定的消费者；或者将其定义为限量版、纪念版等特殊的产品。

（7）产品档次定位。根据产品营销策划的不同以及用途上的区别，将同一产品区分为不同的档次来有针对性地吸引目标消费者。

3. 消费者定位

（1）地域差别。根据地域的不同，如城市与乡镇，内地与少数民族地区，不同的国家和种族，结合不同地域的风俗习惯、民族特点、喜好，进行针对性设计。

（2）生活方式。具有不同文化背景的人们以及不同年龄层或职业的消费者都有不同的生活方式，这直接导致了消费观念的不同，如审美标准的差别、对待时尚文化的态度等，在包装设计中都应予以足够的重视和体现。

（3）消费者的生理特征。消费者具有不同的生理特点，对于产品就有着不同的需求，包装设计应该依据目标消费者的生理特点来表现产品的特性。

（三）创意设计

包装的感性形象是吸引人们目光的重要因素，无论是色彩、文字，还是图形，都应该是包装形象个性化的表现，因此，设计创意的激发往往是在设计的理性分析基础上得来的结果。只有从人们生活需要和产品自身特点出发，设计创意思维才可能成为有源之水。

1. 构思的建立

（1）建立一份工作时间表，对整个设计过程进行记录。

（2）查阅各类书籍和杂志。

（3）去消费者购买的商店里进行实地考察。

（4）研究当下各种潮流趋势。

（5）把所有可以想到的、与这项设计任务相关的所有想法都写下来，进行一些头脑风暴。

（6）和周围的人多讨论，倾听别人的意见。

（7）站在消费者的角度考虑问题。

2. 创意思维方式

（1）逆向式创意思维。摆脱习惯性的顺势思维模式，打破传统、保守的思维观念，进行新颖、大胆的逆向思考，从而创作出耳目一新的作品。

（2）发散式创意思维。在把握住一个信息点的同时，突破一般的直线式思考方式，衍生出相关的创意，在扩大视野、集思广益的同时还要有敏锐的判断力，设计的定位点也很重要，所以在思维能发散的同时还要具备"收敛"的能力，做到张弛有度。

（3）自由式创意思维。不受条件的约束，发挥思考过程中潜在意识的轻松自在，采集思维的多样性，并在最后加以综合取舍。

（4）综合式创意思维。把理性思考和感性思考的方式方法相结合，或者先感性发挥，再以理性来归纳总结及深化，或者在选择正确的方向后，无论是集体"灵感撞击式"的集思广益，还是以感性对理性的结果加以补充调整，或者是上述创作思维的集合，都可以加以尝试，并能结合个人习惯寻找到更快捷的思维方式。

（四）方案执行

方案执行包括勾画草图、评审设计方案、电脑设计制作稿、设计评估、印刷与制作。

1. 勾画草图

（1）设计表现的准备。

①图形部分。对于精细表现的插画要求大致效果的表现即可。对于摄影图片则运用类似的图片或效果图现行替代。

②文字部分。包括品牌字体的设计表现、广告语、功能性说明文字的准备等。

③包装结构的设计。应准备出具体的结构图，以便于包装展开设计的实施。除此以外，产品商标、企业标识、相关符号等也应提前准备完成。

（2）草图。

①草图是主要表现产品包装主画面的构图。草图应在一个按照包装前表面或基本展示区域的形状尺寸成比例缩小的空间内绘制。虽然草图中不必精确显示字体和各种平面元素，但也要大致画出所用字体及图像的特征。

②通过草图能够直观地看到自己所设计的包装最后成品的大概样貌。在此阶段，确定多个设计概念是比较可行的，具体数量应视具体设计项目、客户和预算而定。

③草图设计的关键在于，时刻谨记有关该产品市场营销的各项目标，且更应始终考虑到目标消费者，在一定程度上制约包装的材料、形式与色彩。

④在勾画草图阶段就要充分考虑信息的层次，包装主画面的布置格局确定了信息阅读的顺序。各种设计元素的尺寸大小、颜色、定位和相互关系都会影响消费者的目光在基本展示区域上的移动方向，进而决定了他们对所提供信息的重要性的理解。在每个包装设计作品中都会存在信息传递的数个层次。

⑤在为一个产品系列中的各类花色品种进行包装设计时，为了显示区分度，通常的做法就是在保持各包装在信息层次上一致性的同时，针对具体品种采用独特的图形、色彩、图标和平面图以示区分。

⑥在处理画面信息时，应尽量将需放置的文字准备齐全。如果无法在早期阶段获得所有的必要文稿，那就必须制作替代物，以便模拟出设计布局的最终效果，在做正稿的时候再替换上正确的文字。

⑦根据挑选出来的可实施的创意设计草案，按照实际成品的大小成相应比例关系做较细致完善的表现，对各个细节的处理应做出较充分的表达，这个过程可以利用铅笔及简易

的色彩材料来完成。

⑧对最终筛选出来的部分设计方案进行展开设计并制作成实际尺寸的彩色立体效果，从而更加接近实际成品，直观性也更强。设计师可以通过立体效果来检验设计的实际效果以及包装结构上的不足。

2. 评审设计方案

（1）在设计的过程中，对于包装设计的各种初步构想会被不断地修改、相互组合或者彻底删除，然后最成功的几个设计方案会被保留下来并进入设计开发的后续阶段。

（2）评审设计方案应着眼于设计概念、方案如何获得更出色的效果，如何改进或修改其他设计方案以及哪些设计概念显得较为薄弱而应被淘汰。评审设计方案的目的就在于改进创意工作，以便创造出符合客户需求并受到市场欢迎的设计方案。

（3）设计作品必须能够清晰地传达出设计者的意图或理念，而无须口头说明。使用图片编号或文字描述以便确定各个元素，这也是用语言传达设计意图的方式。可在布局图中添加各种质地的纸材样本、颜色、图像和字体风格。演示过程中，要表述清晰。

（4）经过第二阶段的创意探索，逐步筛选出的数个设计战略方向后，将进入设计的第三阶段——深入及定稿阶段。

最初通过草图表达的视觉元素将进一步细化，文字格式的选择、画面处理、排列方式、字距调整、连字符号和留空的距离等都要明确下来，图像、符号、图表也将根据其与具体设计概念的相关程度而被确定。

（5）必须进一步修改主要展示版面上的所有一级、二级文稿和平面元素，并且开发出该款包装设计的上盖板、底板、后面板和各边板，将文稿修订的最终要求纳入设计考虑。如口味说明、品种名称、产品名称；法律要求列明的重量、体积或产品个数等信息；营养信息、成分、警告和用法说明等。

3. 电脑设计制作稿

在进行设计稿的创作过程中，需要设计者完成构思草图后，再使用绘制软件进行制作。最常用的制图软件、排版软件必不可少。可以根据设计构思使用拼接、变形、淡化、风格化、艺术化处理等手段，直到图片达到设计预期的效果。

4. 设计评估

（1）标准评分的方法。标准可定为实用功能性和文化审美性、视觉冲击力、品牌识别度、感情传达度、实用合理性等类别，由消费者对同一产品的不同设计方案进行打分，最后确定优秀方案。

（2）现场调研的方法。把设计的包装小批量投放目标市场试用，由设计师或销售人员现场观察或访问，也可以把多种包装设计方案混杂陈列在货架上，测试哪种包装设计最有吸引力。

（3）使用跟踪法。派发新包装给典型的消费群体代表使用，让他们提看法、谈感受，专人跟踪、调查、收集、分析。市场和消费者是包装设计最权威的评判者和验收者，一项成功的包装设计是被生产厂家采用，并经过市场的检验，取得良好的经济效益和社会效益的设计。

5. 印刷与制作

包装设计输出稿件进入印刷程序时，先印刷少量样张，进行校对，纠正品质偏差，对设计稿件进行最后修正及局部调整，以免大批量生产时不符合品质要求，造成生产损失，务必保证包装制成品达到设计要求。

第四节 农产品包装的新趋势

一、包装理念发展趋势

产品包装设计成为技术与艺术的交叉点，并融合市场营销理念和消费趋势，包装产业正在向高技术、新材料、低成本、高质量、规模化、专业化、集约化的方向发展。

（一）包装设计人性化

21世纪的包装设计倡导以人为主体，围绕着人们的思想、情绪、个性及对功用的需求重新审视、重新构造、重新定义、重新命名，使其更具有人性化意义。

要设计出满足消费者需求的人性化包装应注意做到以下几点。

1. 明晰产品包装需求

人性化的产品包装设计，应该有突出醒目的识别标志，比如产品的名称、类别以及产地等信息，让消费者通过包装的"外表"就能够了解产品。包装应该能够把人的很多感觉因素考虑进去，从而以造型和材质提升消费者对产品的体验感。产品包装应保护产品和消费者的人身安全，在产品包装上应标注有关产品的搬运、贮藏、开启、使用、维护等安全事项，要有醒目的安全警示和使用说明。

2. 要注意产品包装的适用性和可靠性

包装应保护产品不受外界环境因素的影响，而且要设计得便于搬运、贮藏、开启、使用和维护。产品包装的尺寸和规格应适合消费者对产品的平均消耗速度，特别是应保证在产品保质期内，包装的内装物能被正常消耗完毕，避免浪费。

3. 产品包装需求新、求变

随着生活水平的提高，人们的消费观念逐渐改变，消费者购买商品不仅要获得物质享受，更要获得一种精神上的满足和情感消费要求。因此，包装设计要不断求新、求变，以新颖奇特的造型设计吸引消费者的目光，满足现代人追求轻松、愉快的消费心理。

4. 产品包装要体现人性化思想

产品包装要体现人性化思想，要以满足消费者对产品包装要求方便、灵巧、舒适为目标。在包装的时候就应该设身处地的为消费者考虑使用细节，比如包装的时候，如何快速、方便地把产品包装起来；打开的时候，如何不借助其他工具轻易地打开包装。另外，产品包装还要切合消费者追求高品位文化消费需要，由于审美水平和文化修养的不断提高，消费者在购买商品时，不仅考虑产品的经济耐用，还研究消费的文化品位，以满足其心理需求。

（二）绿色包装设计

返璞归真、回归自然一直是当今包装设计的主题潮流之一。当产品的价格与质量对等时，绿色环保与可重复使用性将成为影响消费者购买欲的决定因素。

1. 概念与原则

绿色包装设计是指采用对环境和人体无污染，可回收利用或可再生的包装材料及其制品的包装。狭义理解的绿色设计，是以绿色技术为前提的工业产品设计。广义的绿色设计，则从产品制造业延伸到与产品制造密切相关的产品包装、产品宣传及产品营销的各环节，并进一步扩大到全社会的绿色服务意识、绿色文化意识等。

绿色包装的特点：节省资源和能源，且废弃物最少；可回收利用和再循环；包装材料可自行降解且降解周期短；包装材料对人体和生物链无毒无害；绿色包装在其生命周期全程中不污染环境。

绿色包装设计必须符合"3R"原则：

（1）减少包装材料消耗（Reduce）。"Reduce"是"减少"的意思，可以理解成物品总量的减少、面积的减少、数量的减少；通过量的减缩实现生产与流通、消费过程中的节能化。这一原则，可以称为"少量化设计原则"。

（2）包装容器的再充填使用（Reuse）。"Reuse"是"回收"的意思，即将本来已脱离产品消费轨道的零部件返回到合适的结构中，继续让其发挥作用；也可以指由于更换影响整体性能的零部件而使整个产品返回到使用过程中。这一原则，可以称为"再利用设计原则"。

（3）包装材料的回收循环使用（Recycle）。"Recycle"是"再生"的意思，即构成产品或零部件的材料经过回收之后的再加工，得以新生，形成新的材料资源而重复使用，这一原则可以称为"资源再生设计原则"。

2. 设计程序

（1）搜集绿色设计信息。包括产品分析（产品类别、特性、品质等），市场条件分析（内销、出口、销售量、价格、销售周期等），环境条件分析（包装环境、流通条件等），绿色消费者分析（消费心理、购买动机、使用方便程度、经济性等），环保政策、法规、减废技术，绿色制造成本。

（2）建立绿色设计小组。通过绿色设计小组来观察企业目前的绿色设计表现，决定企业的绿色设计信息，并推动绿色包装设计企业的发展。

（3）进行绿色包装的方案设计。根据搜集的信息，提出绿色包装的设计方案。其中包括确定设计参数，选择包装材料，无毒无害、可重复使用或再生、可降解及高性能的材料是绿色包装设计的首选；包装结构设计，应考虑实现保护性能、流通特性、重复包装、易于存放，便于制作装配等；包装容器设计应考虑易于货架陈设或集中堆码排列，系列容器应整齐协调，多用途包装的再利用应便于加工、消毒、充填、封口等包装视觉元素设计，包括图形、文字、色彩、标签等，对提出的多个设计方案从绿色的角度进行评估，最后确定方案。

（4）做出绿色设计决策。进行绿色包装设计的企业把与环境有关的生活条件，废弃物，空气、土壤和水质的污染，噪声，能源及资源的消耗等均纳入评价过程，并对最终绿色包装设计方案的确定起决策作用。

（5）完成绿色包装设计。

（三）包装设计民族化、本土化

包装设计作为一种特定的文化形态，可以体现一个国家、地区、民族的物质文明和精神文明的品格与面貌，反映社会制度的政治、经济、文化现状及其科学水平，表现特有的民族文化与艺术修养。具有民族传统风格的包装，不仅表现出浓郁的地方特色，富于民族性与文化性，而且满足了人们心理和生理上的审美需求。

1. 包装设计的民族性与时代特征的关系

包装设计的民族性与时代特征并不矛盾，"现代化"不等于"西方化"，"民族性"不等于"局限性"。英国的包装设计比较注重英国市民消费文化传统的传承；德国的包装设计受其严谨的哲学思维方式的影响，具有理性设计的传统特征；法国的包装设计呈现出一种融设计与艺术精神于一体的特色；而日本的包装设计面对经济的快速发展，融汇了大量的日本传统视觉因素，同时又体现出时代感。

2. 包装设计民族化发展趋势

随着全球化的进一步发展，包装设计民族化的势头并不会削弱，反而会越来越强。因为随着全球化的进一步发展，发展中国家的生产力水平会越来越高，发达国家和发展中国家的差距将会缩小，甚至有个别的发展中国家会后来者居上，超过发达国家。这些后来居上的发展中国家会利用自己的国际地位和经济、文化优势来加强自己的民族性，必然会在包装设计当中彰显它的民族特色。

3. 包装设计的本土化

包装设计的民族化和本土化是两个既有联系又有区别的概念，它们的主要区别在于：民族化是强调血缘人种关系，而本土化主要强调居住地域关系。本土化并不完全等于民族化。所谓包装设计的本土化，是指包装设计要有地域特色，要彰显本地区的历史文化传统和当代生产、生活特色。

（1）要考察本地区的历史文化传统，要使包装设计体现地方的历史传统文化。

（2）要考察本地区的风土人情和风俗习惯，要使包装设计体现本地区的风俗特点。

（3）要调查了解本地区的产品特点，特别是农副产品特点，使包装设计体现本地区的生产、生活特色。

（四）动态包装设计

动态包装是包装设计新概念。设计艺术的互动特征愈来愈明显，动态包装、动态标志、动态服装等不断涌现。消费者对包装的需求不再局限于质量、环保、美观、使用等方面，消费者希望产品包装能带来更多的信息。

1. 动态包装的概念与设计形式

所谓动态包装是指包装的外观形式及功能能够根据消费者的需要随时加以改变的设计。

最简单的动态包装就是通过光学原理，在同一个包装上，从不同的角度看会呈现不同的画面。较为复杂的动态包装就是在包装上带有显示器和芯片，芯片里存有产品的信息，当消费者打开包装上的开关时，显示器上就会开始播放芯片里存放的信息内容，更复杂的动态包装就是将互联网与包装相结合。

2. 动态包装设计的特点

动态包装就是以一个"变"字为主轴，将人与人、人与物、人与环境有机地联系在一起，动态包装，关键在"动"字，其最大的特点就是具有很强的互动性，这种互动性体现在包装与包装之间、包装与产品之间、包装与生产商之间、包装与消费者之间、包装与环境之间。互动性的包装设计会引起受众的兴趣，满足人们的参与感，受众不仅是信息的接受者，他们还拥有更大的选择和参与机会。

3. 动态包装设计的表现

（1）包装与包装之间的动态设计。传统的包装与包装之间由于色彩、形态和材质的不同，存在着或多或少的差异，因此，放置在一起，有时会造成不协调的感觉，动态包装设计可以解决和缓解这种矛盾，例如消费者在购买产品或礼品时，若干个产品或礼品包装由于风格的不统一往往会造成不和谐的视觉感，有些组合在一起甚至会影响它们的档次。动态包装，则可以通过包装材料上的具有记忆性的物质，协调不同产品之间的矛盾，使产品之间不同的色调和风格达到和谐。

（2）包装与产品之间的动态设计。包装不仅可以盛放原有产品，还可放置一定尺寸范围内的其他产品，也就是包装可以根据产品的形态发生一定变化。这就是动态包装在包装与产品之间所表现出的超强互动性。

（3）包装与消费者之间的动态设计。通过消费者不同的使用方式，产生不同的互动效果。这是最常用的一种动态设计手段。很多动态包装设计都从与消费者的互动性入手，吸引消费者的注意，刺激购买欲。如包装盒经过折叠拆分能够有其他功能。

（4）包装与环境之间的动态设计。有的动态包装利用光学原理，在包装上呈现不同的平面设计，如具有发射状视觉效果的LOGO，还有的动态包装可以根据周围的环境而发生色彩上的变化，还有的动态包装会自行调节色彩，还有一些动态包装在内部设有季节更替性，还有的动态包装能感应体温。这样的动态包装不仅给生活增添了更多的色彩，而且拉近了消费者和产品的距离。

（五）简约化包装设计

简约并不意味着单调、呆板和空白的滥用，更非内容空洞的借口，简约艺术不是内容的删减，它需提炼设计的精华，展现新奇的创意，给观者以非凡的视觉享受。简约化包装，一是要用最简单的结构、最节省的材料，达成包装形式的简约化；二是通过最简练的色彩和造型、最精练的文字达到准确无误地传达信息的效果。

随着消费者自身消费与健康意识的提高，商品信息的具体化、透明化成了消费者购买商品时关注的重点。然而，设计繁复花哨、信息标注混乱的商品包装与标签设计又使消费者的消费体验大打折扣。标注过多无用或虚假信息会干扰消费者的判断力和影响购买欲望。透明化能让消费者清晰看见产品状况的外包装，干净简洁、重点信息标注清晰、有条理的标签最能赢得消费者的青睐与信任。

二、农产品包装发展趋势

随着市场的日益发展与成熟，农产品包装设计越来越多元化，消费者对于农产品的选购也越来越多地考虑到包装设计方面。但是农产品具有季节性强、地域性显著、易于腐烂等特征，又导致包装设计变得更为复杂，要求也更高。

（一）技术包装

技术包装策略是指在包装材料、装饰以及造型等多个方面，全面运用新型技术成果，让包装设计不但能够更好地保护农产品，且让客户觉得更为方便，从而能够展示出品牌所具有的内涵信息。比如，老蔡罐装食品外包装盖上设置了真空钮，其形状又能够显示出食物的保鲜度。

（二）文化包装

文化包装方法符合消费者群体追求高层次文化的消费心理，选取传统文化或者现代文化的合理含义，将其巧妙地和外包装结合起来，体现出农产品品牌所具有的强烈文化气息。鉴于现代人审美能力以及文化素质的持续提升，消费者群体在购置商品的过程中，不但要考虑到农产品是否经济实用，而且应当讲求消费的文化内涵，对商品进行怀旧包装也就显得很有必要。此种包装主要采取天然原材料，装潢显得粗糙而又简朴，如同年代已经久远的残品一样，比如，仿古家具、服装以及日用品等。所以，可依据现代人的复古心理来进行文化复古包装。农产品往往具有十分显著的地域特色，因而体现在包装设计中就极为重视地域特点，具备了非常浓郁的乡土气息，这是特色化农产品包装的一个重要原则。就农产品包装所富有的文化价值来考量，强调农产品所具有的地域特征依然是重新打造特色化农产品形象以及农产品企业文化的关键。农产品包装地域文化的体现还可从包装的色彩、图案设计、材料等相关方面加以着手。

(三) 创新包装

创新包装方法是指农产品的包装并不仿制与雷同，而是引入新型材料、工艺及图案等，从而给消费者带来耳目一新之感，显示出农产品品牌的个性化价值。比如，上海某食品公司把各类艺术肖像脸谱印于精美的糖果纸上，就很有特点，容易引起消费者的购买欲望，是一种很好的创新型包装法。

(四) 绿色包装

绿色包装是指在农产品包装设计的过程之中，强调维持农产品的生态平衡，提升农产品品牌所具有的环保价值，更好地保护我国的自然环境，既有利于消费者的健康，还有利于实现可持续发展。绿色包装可以说是新一轮市场化竞争中十分重要的内容，同时也将为农产品企业与国际标准接轨，为创设出绿色农产品品牌提供更加有利的条件。

鉴于此，我国农产品企业应当注重选择与设计农产品的包装设计材料。在确保农产品包装功能的基础上，尽可能地减轻包装物对环境所造成的损害。农产品的包装设计还应当能够确保消费者群体的健康，并且做到方便、可靠，从而更好地体现出绿色包装所具有的重要宣传作用。绿色包装对于农产品企业来说，是一种十分直观而且富有成效的广告宣传形式，农产品包装设计要强调绿色产品的特征，图案的内容应当做到既健康又简洁，而且还应当按照实际情况标出农产品的质量标志、环境标志及使用方式，并且尽可能地说明农产品包装废弃物所具有的回收处置方法。

此外，在品牌包装的视觉化方面强化"自然"的理念。农产品包装运用海洋、森林、泥土、冰川、民间、原始的自然色彩，以朴实无华的大自然为视觉联想的对象，给人以真实可信之感，进而创造出兼顾古典、流行及个性化的包装风格。

(五) 时尚包装

鉴于现代人生活水平的持续提升，消费观念也在得到持续发展。今日之时尚，到了明日就又可能会过时，因此，农产品销售包装一定要持续改进，大胆创新。如今，社会各界均十分关注环境问题，所以农产品企业应当在包装设计中和保护环境进行结合。随着人民群众越来越重视环保、倡导绿色，许多地方的草编以及柳编包装物极为受欢迎。优秀的农产品外包装不但要在视觉上更好地激发消费者的购买欲望，而且应当从心理上抓住消费者群体的兴奋点。因此，只有将农产品企业的追求、包装设计人员的思维心理、消费者的需求，三者密切联系才能够发挥出农产品包装的效能。包装唯有紧紧把握住广大消费者群体的心理，切实迎合消费者群体的爱好，有效满足消费者的需求，才能够切实激发出消费者群体的情感，从而在越来越激烈的市场竞争之中站稳脚跟，立于不败之地。

（六）艺术包装

艺术包装是一种符合消费者审美情趣以及消费需求，能够强化商品包装的装饰性功能，从而通过新、奇、美等外在形式，别具一格的图案、清新动人的文字、醒目明亮的色泽，为消费者带来强烈的视觉冲击力，进而让大家形成心理上的美好感觉，让潜在购买欲望转换为实实在在的购买行动。比如，日本就曾经有过一种草编的内装五个鸡蛋的网袋。此种朴实的网袋涵盖了日本包装风格的各项重要内容，显得实用而又美观，证明了农产品的产地及年代，甚至还可使用题词以涵盖其中的内容。虽然消费者判断农产品优劣的基本标准为农产品自身质量好坏，但包装是农产品的"脸面"，从来都是以第一印象进入消费者群体的视觉中的，也会影响到消费者对于农产品的取舍。因此，最大限度地满足消费者所具有的审美及情感需求，是包装设计的重要目标。

（七）个性包装

个性化商品包装是把产品的概念形象转化为视觉形象，通过视觉又能够感受到概念，既具有商业价值更兼有艺术欣赏价值。一是外观形式、结构的个性化，在做到能很好地保护商品的前提下，通过独特的造型不仅可以吸引眼球，也可以让品牌个性以更直观的方式呈现。二是包装材料的个性化，在包装中打破常规地运用材料，会产生意想不到的效果，如日本农产品经常使用可塑性、易变性强的软包装，因为消费者将具有可塑性、易变性的软包装视为现代时髦的包装象征。三是通过平面设计编排，将色彩、标志、文字等创新组合搭配，也是品牌在同类中脱颖而出的常见手法。

此外，农产品包装更加注重尺寸多样化与情境化，包装的设计尺寸更加重视迎合消费者的消费需求与习惯；灵活根据使用场景做出调整，设身处地地为消费者考虑包装尺寸与使用场景的便捷性、舒适度的匹配性。包装设计与移动设备结合也成为新的发展趋势，在产品包装设计上进行信息传达与品牌宣传，增加品牌与消费者之间的互动，全球最大的威士忌品牌 Johnnie Walker 发布全新结合新科技的酒瓶包装瓶身装有通信感应器标签，所有详细信息，消费者可以通过手机靠近瓶身获得。

第五章

农产品品牌文化与品牌资产

　　品牌是市场竞争的强有力手段，同时也是一种文化现象，具有丰富的文化内涵。创建品牌就是一个将文化精炼并充分展示的过程。农产品从田间地头到消费者的饭桌上，要想卖得多、卖得贵、卖得持久，提高产品的溢价能力，就一定要借助文化的力量，突出产品特色，使品牌增值。而品牌的价值体现在品牌资产的积累，为企业带来源源不断的利润和持续发展的驱动力。品牌文化和品牌资产都是长期经营的结果，是农产品生产经营者必须关注的问题。

第一节　农产品品牌文化的内涵

一、品牌文化的内涵

　　依据人类学对文化的理解，文化是作为社会成员的人们习得的复杂整体，包括知识、信仰、艺术、道德、法律、习俗以及其他的能力和习性。功能主义学派认为文化包含了物质和精神两个方面，既包括道德及价值观等抽象的概念，也包括具体的物质实体。在现代语境中，通常将文化（Culture）视作组织或社会成员间共有的意义、仪式、规范和传统的集合。而亚文化（Subculture）则指某一文化群体中的次级群体成员共有的独特信念和价值观。

品牌文化是基于某一品牌对社会成员的影响、聚合而产生的亚文化现象。品牌文化（Brand Culture）是某一品牌的拥有者、购买者、使用者或向往者之间共同拥有的、与此品牌相关的独特信念、价值观、仪式、规范和传统的总和。

通过这个基础的定义，我们可以判断，品牌与品牌文化对消费者心理与行为的影响有密切关系。属于某种品牌文化群体中的消费者，他的身份、情感、价值观、行为习惯中的一部分已经与这种品牌紧密联系在了一起。在营销人员的思维中，文化通常被视作无法忽视亦难以改变的背景，Michael R. Solomon 在《消费者行为学》中强调"离开文化背景就很难理解消费"。

品牌文化是由消费者和品牌持有者共有的价值体系，而企业文化是由企业组织内部成员共同拥有的价值体系。企业文化（Corporate Culture）是企业的组织文化，是企业成员共有的一套意义共享的体系，使组织独具特色，区别于其他组织。

品牌文化与企业文化的区别体现在以下方面（表5-1）：

表5-1 企业文化与品牌文化的区别

对比项	企业文化	品牌文化
建立基础	管理与运营	销售领域
建立目的	解决企业存在的目的、未来发展方向及如何做等问题	解决与消费者的关系问题
建立环境	相对封闭	完全开放
主要构成	形象、行为、制度及价值观	品牌建立、推广维护、再生
形成形式	由少数人倡导和实践，不断总结提炼	也有自发过程，最终需要精心策划
目标人群	企业内部为主	消费者为主

（1）企业文化更侧重企业自身的发展，是企业形成的共同遵守的价值观、理念和行为方式的总和，重点是企业价值观。企业理念和行为方式的塑造，是企业生产与发展的指导思想。

（2）品牌文化的作用更多地体现在维持产品与消费者关系方面。品牌文化以品牌个性、精神的塑造和推广为核心，使品牌具备文化特征和人文内涵，通过各种策略和活动使这些消费者认同品牌所体现的精神。如茅台的国酒文化（国酒茅台，喝出健康来）、孔府家酒的家文化（孔府家酒，让人想家）、青酒的情感文化（喝杯青酒，交个朋友）、金六福的福文化（庆功的酒，好日子离不开它）。品牌文化的塑造很难通过具有强制力的正式规范来获得，必须赢得消费者的认同。

二、品牌文化的功能

（一）品牌文化引导品牌健康发展

品牌文化规定了品牌所追求的远大目标，引导品牌的健康发展。一般而言，任何文化都是一种价值取向，规定着组织和个体所追求的目标，具有导向功能。良好的品牌文化直接引导员工的心理和行为，形成统一的步调。农业企业、农民合作社通过价值观念来引导员工、社员，能够使员工、社员潜移默化地接受品牌的核心价值观，把思想、观念和行为引导到品牌发展目标上来，进而影响消费者。

（二）品牌文化提升消费者价值认同

品牌文化能够使消费者主动将该品牌的产品及形象作为其身份、社会阶层或者生活态度的积极象征物。消费者在购买商品、接受品牌文化的同时，也是对品牌精神、情感的认同，将品牌所持有和主张的观点、信念与自己原有的观点、信念结合，构成统一的态度体系，从而实现自我形象的重新塑造。如消费者认为"我们不是在吃麦当劳快餐，而是在享受麦当劳的饮食文化""星巴克咖啡意味着休闲的时光和美式生活的乐趣"。

（三）品牌文化培养消费者品牌忠诚

让消费者对品牌忠诚，让品牌升华为消费者的信仰，引导消费需求，是每一个品牌的终极使命。品牌文化通过建立一种清晰的品牌定位，利用各种内外部传播途径形成受众对品牌在精神上的高度认同，从而提升品牌的产品销售量和企业的核心竞争力。

（四）品牌文化强化企业内部管理

品牌文化以无形的、非正式的、非强制性的各种规范和人际伦理关系准则，对每个员工的思想和行为起到约束的作用。将品牌文化渗透到企业的生产经营中，增强整个企业的文化自觉，更新文化观念，创造与品牌文化相适应的文化氛围和工作环境，能优化企业内部管理，增强企业凝聚力。

第二节 塑造农产品品牌文化

一、农产品品牌文化的内容

农产品品牌文化是企业在对品牌战略进行全面规划与实施的过程中不断积累和发展所逐渐形成的，由品牌精神文化、品牌物质文化、品牌行为文化构成。

（一）品牌精神文化

品牌精神文化是在长期的品牌经营过程中，因受社会经济和意识形态影响而形成的文化观念和精神成果，是品牌文化的核心，是企业管理品牌的指导思想和方法论。因此，企业在规划和建设品牌文化的过程中，最为关键的是提炼出品牌的精神和价值观，并通过品牌的精神和价值观来规范与指导企业的生产、营销及传播行为。

农产品经营者创建品牌精神文化，就是要在市场营销与传播过程中形成一种有别于其他品牌的意识形态和价值观念，包括品牌价值观、品牌伦理道德、品牌情感、品牌个性、品牌制度文化等。品牌精神文化是品牌文化的核心和灵魂，决定了品牌的个性、品牌形象及品牌在营销传播活动中的行为表现，如麦当劳的品牌精神文化强调"家庭价值"。

（1）品牌价值观。品牌在追求经营成果的过程中所推崇的基本信念和奉行的目标。

（2）品牌伦理道德。品牌营销活动中应遵循的行为和道德规范，如诚信、公平竞争、社会责任、消费者权益等。

（3）品牌情感。掌握目标顾客情绪的一种品牌承诺，是品牌忠诚的构成要素。

（4）品牌个性。有关品牌的人格特质的组合，能透过人、物、图景或品牌角色承载，使消费者产生无限联想。

（5）品牌制度文化。与品牌营销活动中形成的品牌精神、价值观等意识形态相适应的企业管理体制和组织结构。

（二）品牌物质文化

品牌物质文化主要由产品或品牌的物质形态和符号构成，通过产品的物质形态或品牌的传播符号等各种表现方式向目标消费者传递并予以体现。品牌的物质构成要素包括产品文化，也包括多种构成品牌识别的元素和符号，如品牌名称、标志、基本色、基本字体、品牌广告曲、产品包装、质地、产品味道等。消费者通过对物质元素的感知和体验形成对产品品牌的综合认知和判断，进而对品牌产生深刻的印象。

（1）产品文化。是在长期的生产经营中自然形成的涉及质量控制的意识规范、价值取向、思维方式、道德水平、行为准则、法律观念等。产品特质也成了消费者对农产品品牌进行判断的主要标准之一。

（2）包装文化。为在流通过程中保护产品、方便储运、促进销售，按一定技术方法而采用的容器、材料及辅助物等的总体名称。产品包装蕴含着品牌个性，体现着品牌形象。

（3）名称和标志文化。品牌名称是品牌中能够读出声音的部分，是形成品牌文化概念的基础。品牌标志是品牌中可以被识别，但不能用语言表达的部分。

（三）品牌行为文化

品牌行为文化是品牌精神文化的贯彻，是品牌与消费者关系建立的核心过程，是企业经营作风、精神风貌、人际关系的动态体现，也是企业精神、企业价值观的折射。

（1）品牌营销行为。从文化的高度确定市场的营销战略和策略，既包含商品构思、设计、造型、款式、包装、广告，又包括对营销活动的价值评价、审美评价和道德评价。

（2）品牌传播行为。品牌传播行为包括广告、公共关系、新闻、促销活动、组织等。传播行为有助于品牌知名度的提升和品牌形象的塑造。

（3）品牌个人行为。不仅包括品牌形象代言人、企业家的个人行为，还包括员工和股东等个人行为。每个与品牌有直接关系的个人，其言行要尽可能做到与品牌所倡导的文化内涵保持一致，更有利于品牌形象的塑造与传播。

二、塑造农产品品牌文化的途径

品牌文化是由企业的外部利益相关者共享的一套价值体系，相对而言更为不可控。因此，企业在塑造品牌文化方面，需要考虑更多方面的因素。

（一）创造象征符号

塑造品牌文化需要将品牌元素根植于消费者心中，并成为某种象征符号，品牌显性要素设计中也被赋予了象征意义。通常是企业的形象识别要素，如品牌名称、品牌标识、产品包装、产品形象、代言人、商标、声音识别等。

（二）营造消费仪式与消费场景

仪式是一套复合的象征性行为，这些行为有固定的发生顺序，而且常常需要定期重复进行。有些品牌希望消费者将产品的使用与特定的仪式紧密联系在一起。有些品牌则试图将产品的使用过程本身仪式化，比如竹叶青茶，将一分钟的视频分享给购买产品的消费者，具体说明产品仪式化的饮用方式。还有很多地区的地理标志产品等通过定期的、具有文化传统的仪式进行塑造和传播，如马家沟芹菜节。

（三）塑造名人效应

与品牌密不可分的人物是品牌文化的重要载体，许多品牌将其品牌的创始人塑造成为品牌的代表。品牌创始人的行为、言论和个人魅力很容易被消费者嫁接到对品牌的认知中，而品牌创始人往往也是企业领袖，他们可以通过传输理念、讲故事、确定承诺、彰显个性等多种人性化的方式帮助品牌建立文化认同。

（四）创建品牌社区

品牌社区是由使用同一品牌的一群消费者聚合联结而成的、以该品牌为关系基础的社会群体。品牌社区的成员对于品牌及其他使用者有相当程度的了解，他们知道自己属于一个以品牌为中心的群体，在这个群体中他们会分享品牌的各种知识和社会关系。品牌社区中，一些核心消费者，他们对品牌有更高的熟悉度和忠诚度，企业需要强化与核心消费者的关系，因为他们对社区其他成员具有重要的影响。随着互联网的普及，各种社交网站和即时通信技术及工具使消费者组建品牌社区越来越容易。如山东思远农业建立"思远庄园"微信公众号、客户群，成为消费者获取庄园产品、分享品牌体验、获得其他消费者帮助的重要渠道。

（五）重视并传播品牌历史

文化的形成需要历史的沉淀，塑造品牌文化需要重视和积累品牌成长的历史素材。在品牌创立之初就有意识地对资料和具有历史价值的各类资料进行保留，如第一款产品创意、第一笔合同、第一批员工名录等。另外，讲述和传播自己的品牌故事是非常重要的品牌文化塑造手段。品牌故事可以叙事梳理成品牌传记，除了官方的陈述和出版物外，还可以依托具有娱乐性和传播性的载体，比如微电影等形式进行传播。如贵州省打造的区域公用品牌"三穗鸭",因其"眼高颈细形似船,嘴方脚橙尾像扇,公鸭绿头身棕褐,母鸭麻羽体背宽"的独特外形,放养式饲养,低脂肪、高蛋白质、肉质细腻的品质深受消费者的喜爱,是中国地方四大名鸭之一,历史上最早的文字记载追溯至今已有 600 多年。讲好品牌故事能够在市场上获得更多关注和认同。

第三节 农产品品牌资产概述

凯文·莱恩·凯勒(Kevin Lane Keller)曾提出,在企业全球化的浪潮中,建立强势品牌的关键是建立品牌资产,并且建立长期测量与管理品牌资产的机制。品牌资产提升了品牌在营销战略中的重要性及地位,也为企业的营销管理和相关研究提供了重心。

一、品牌资产的定义

品牌资产是指与品牌、品牌名称和品牌标识等相关的一系列资产或负债,它们能够增加或减少某产品或服务带给该企业或顾客的价值。对品牌资产的界定一般从两个角度阐述:一是基于企业视角的品牌资产;二是基于消费者视角的品牌资产。

(一)基于企业视角的品牌资产

一般从企业的营销和财务两个方面分析。

首先,从企业营销的角度分析品牌资产的基本属性,是希望借助品牌的影响力,帮助企业提高品牌产品的销售量和利润率。营销的产出可以由品牌在商品市场上的绩效来反映,包括品牌溢价能力、价格弹性、市场占有率、品牌的扩张力和延伸力、品牌的盈利能力。因此,品牌资产是一系列关于品牌顾客、渠道成员和品牌所属企业的联想与行为,这使强势品牌比弱势品牌更容易获得市场利润。

其次,从财务视角分析品牌资产的基本属性,是对品牌资产的评估,包括根据股价走势、未来收益等评估品牌价值,以便向投资者或股东提交财务报表,为各项商业活动提供证明企业资产价值的依据。

"品牌资产"一词的关键在于"资产",它更多的是会计学上的含义。和其他易于理解的有形资产一样,品牌是一种无形资产。因此,品牌除了本身具有经济价值(可以估值）外，还可以为其带来稳定的超额收益，是企业创造经济价值不可缺少的一种资源。"品牌资产"一词表明，品牌是企业无形资产的重要组成部分。

（二）基于消费者视角的品牌资产

凯文·莱恩·凯勒（Kevin Lane Keller）"基于顾客的品牌资产模型"认为，强势品牌的理论源于顾客的心智。虽然企业努力营销的最终目标是增加销售收入，但必须先在顾客心中留下清晰、美好、积极的品牌印象，进而使顾客对品牌产生正面态度和评价。品牌资产来源于企业与消费者之间的关系，具有价值性、无形性、波动性、累积性等特征。

在基于顾客心智的品牌资产中，最终能够为品牌所有者带来丰厚的利润，获取更多市场份额的便是品牌忠诚度和品牌溢价能力这两大资产。品牌忠诚度和品牌溢价能力属于结果性的品牌资产，是伴随品牌知名度、认可度、品牌联想这三大品牌资产创建后的产物。

二、品牌资产的特点

所谓品牌资产就是消费者关于品牌的知识，是有关品牌的所有营销活动给消费者造成的心理事实，其主要有以下几个特点。

（一）无形性

品牌资产不具有独立实体，人们无法使用感官直接感受到。它必须通过一定的载体来表现自己，直接载体是品牌名称、符号等品牌元素，间接载体是与产品和企业有关的品牌知名度、美誉度和忠诚度等。从取得的方式来看，有形资产通常通过市场交换的方式得到，而多数品牌资产是通过企业的经营活动自创的，只有极少部分是通过收购兼并等方式取得的。另外，品牌资产兼具可确指和不可确指无形资产的特点。一方面，它常常需要和特定的产品（或企业）结合在一起，强势品牌与其所代表的产品或企业密不可分，一旦建立，竞争企业很难模仿或复制；另一方面，品牌资产在某些时候也可以游离于企业之外而单独存在，其他企业通过购买或接受转让等方式直接获得品牌的所有权或使用权。

（二）品牌资产可以买卖和有偿转让

与其他资产一样，品牌资产可以进行买卖和有偿转让，前提条件是其价格可以相对科学地估算出来，并得到买卖双方的认可。

（三）品牌资产的形成需要一个长期积累的过程

纵观世界知名品牌，无不是在企业长期不懈的努力下，经历了岁月的风雨，才拥有了今天的地位。品牌资产的创建和维护过程是一个长期的系统工程，绝不是单独依靠某个因素就可以得到的。

（四）品牌资产的投资和使用具有交错性

不同于有形资产在使用中通过折旧的方式实现价值，品牌资产在使用过程中必须对其进行持续投资和维护，根据市场情况的变化制定有效的策略，并持续投入相应的资源，避免品牌资产贬值。同时，对品牌资产的科学管理和使用还会使品牌资产不断增值，如成功的品牌延伸和市场扩张等都会促使品牌资产增值。

（五）品牌资产的构成和估价复杂

品牌资产构成的复杂性为科学地评估其价值和价格，对其进行有效管理增加了难度和不确定性。

（六）品牌资产的收益具有不确定性

品牌资产可以为其所有者带来收益，但与有形资产不同的是，不仅同一个品牌被不同的企业拥有时收益不同，即使被同一个企业拥有，也会因为使用范围（地理空间、产品类别等）的不同而发生变化。同时，品牌资产在使用过程中还需要不断地投资，否则就会出现贬值的趋势。

另外，需要注意的是，虽然品牌资产是企业无形资产的重要组成部分已经成为不争的共识，但是，目前国际会计准则还不允许将自创的品牌资产的数值纳入资产负债表中。因此，多数企业资产的账面价值远远低于实际价值，品牌资产的价值没有得到体现。

三、基于顾客心智的品牌资产

大卫·艾克（David A. Aaker）提出品牌资产的五角星模型，认为品牌资产包括品牌忠诚度、品牌认知度、品牌知名度、品牌联想、其他专有资产（如商标、专利、渠道关系等）5个方面，这些资产通过多种方式向消费者和企业提供价值（图5-1）。

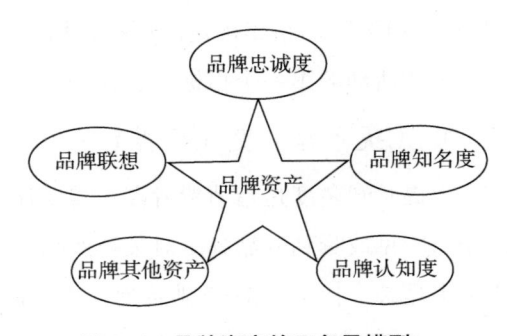

图5-1 品牌资产的五角星模型

（一）品牌知名度

品牌知名度是指某品牌被公众知晓和了解的程度，它表明品牌被多少或多大比例的消费者所知晓，反映的是顾客关系的广度。品牌知名度是评价品牌社会影响大小的指标，可以通过创造独特且易于记忆的广告、不断展示品牌标志、运用公关手段、运用品牌延伸手段等来提高品牌知名度。

品牌知名度一般分为四个层次：无知名度（Unaware of Brand）、提示知名度（Aided Awareness）、无提示知名度（Unaided Awareness）和第一提及知名度（Top of Mind）。从品牌管理的角度，一般考虑后三个方面。它们呈金字塔形，层次越高越难实现，如图5-2所示。

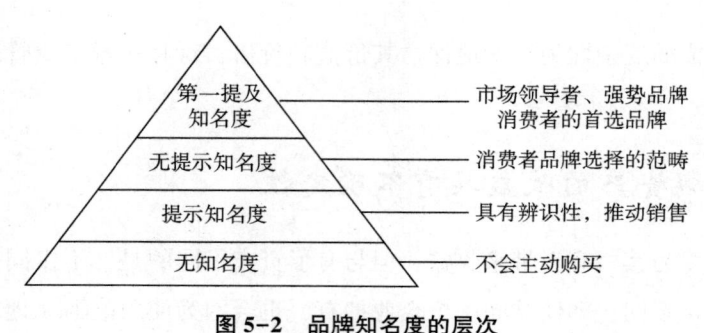

图5-2 品牌知名度的层次

1. 无知名度（没听过）

无知名度是指消费者对品牌没有任何印象，原因可能是消费者从未接触过该品牌，或者是该品牌没有任何特色，容易让消费者遗忘。消费者一般不会主动购买此品牌的产品。

2. 提示知名度（知道）

提示知名度是指消费者在经过提示或某种暗示后，想起某一品牌，能够说出自己曾经听说的品牌名称。比如，当问某人白菜有哪些品牌时，他可能说不出什么品牌，但经提示"胶州大白菜"后给出确定的回答，那么"胶州大白菜"就具有一种提示知名度。这个层次是传播活动的第一个目标，它在顾客购买商品选择品牌时具有十分重要的作用。

3. 无提示知名度（记得）

无提示知名度是指消费者在不需要任何提示的情况下能够想起某种品牌，即能正确区别先前所见或听到的品牌。对某类产品来说，具有无提示知名度的往往不是一个品牌，而是一串品牌。比如，对于梨品牌，你可能说出砀山酥梨、库尔勒香梨、莱阳梨、河北鸭梨、京白梨等很多区域梨品牌。虽然有的品牌没有被第一个想到，但也非常重要。

4. 第一提及知名度（首先记得）

第一提及知名度是指消费者在没有任何提示的情况下，所想到或说出的某类产品的第一个品牌。例如，在山东提及茶叶，大部分消费者会想到"崂山绿茶"，说到大蒜，大部分消费者会想到"金乡大蒜"。

（二）品牌认知度

品牌认知度是指在知晓品牌名称的基础上对品牌的各方面信息的了解程度，是消费者对某一品牌在品质上的整体印象。影响品牌认知的因素包括产品功能、特点、适用性、可信赖度、包装、服务、价格、渠道等。品牌认知度的层次一般包括听说而已、有所了解、比较了解、非常了解4个层次。

品牌认知度可以成为消费者购买的理由，能为企业提供品牌差异化定位和为品牌的延伸打下基础。农产品生产经营者可以通过多种方式提高品牌认知度，如保证高品质、承诺高品质、重视顾客参与、追求品质文化、注重创新、传递高品质信息、设计品质认知信号、广告宣传、提供有效保证与寻求支持、完善服务系统等。

（三）品牌联想

联想是一种重要的心理现象和心理活动。事物之间的不同联系反映在人脑中，就会形成心理现象的联系。品牌联想是指消费者在看到某一品牌所勾起的所有印象、联想和意义的总和，如产品特点、使用场合、品牌个性、品牌形象等，具体如图5-3所示。

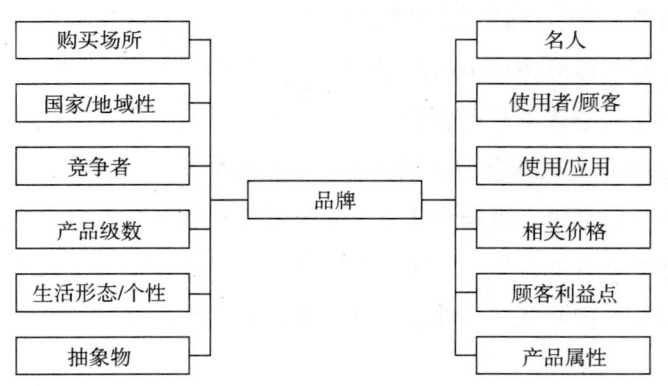

图5-3 品牌联想的内容

1. 品牌联想的类型

品牌联想可分为3个层次：品牌属性联想、品牌利益联想、品牌态度，如图5-4所示。

```
        品牌态
       度联想         ——— 消费者对品牌的整体评价
      品牌利益联想     ——— 功能利益、情感利益、象征利益
     品牌属性联想      ——— 与产品有关的特性
```

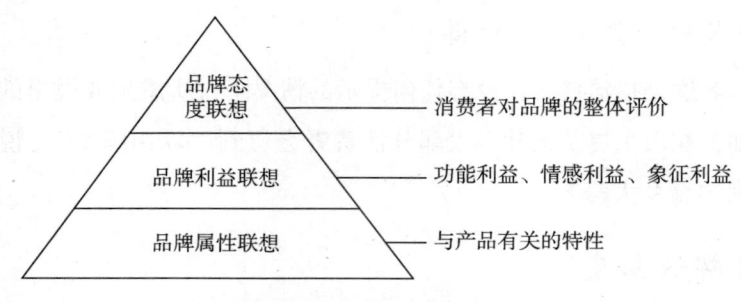

图 5-4　品牌联想的层次

（1）品牌属性联想。品牌属性联想是指对于产品或服务特色的联想，比如消费者认为产品和服务是什么。根据与产品或服务的关联程度，我们可把属性分为与产品有关的属性和与产品无关的属性。与产品有关的属性联想是指产品的物理构成或服务要求，它们决定着产品性能的本质和等级。与产品无关的特性并不直接影响产品性能，但它可能影响购买或消费过程，比如产品颜色和包装，产品的制造厂家或国家，产品出售场所以及哪些人认同该品牌等。

（2）品牌利益联想。品牌利益联想是指消费者感知的某一品牌产品或服务属性带来的价值和意义。品牌利益联想又可分为功能利益联想、象征利益联想和体验利益联想。功能利益是指产品或服务内在固有的可以提供给消费者的利益，这种利益一般与产品或服务相关属性匹配，是消费者购买该产品或服务最基本的动机，比如购买有机蔬菜，就是为保证食品的安全健康。象征利益是指产品或服务能提供给消费者的相对外在的利益，它一般与产品或服务无关属性匹配，尤其是与使用者状况相匹配。这种象征性的利益可以满足消费者的社交需要、自尊需要等一些比较高层次的需要。体验利益是指消费者消费产品或服务后的感受，它既与产品或服务相关属性相匹配，又与产品或服务无关属性相匹配，这些利益能使消费者获得愉悦感或者某种刺激。

（3）品牌态度联想。品牌态度是最高层次也是最抽象的品牌联想。它是指消费者对品牌的总体评价和选择。品牌态度通常建立在品牌属性和品牌利益上。比如，消费者对乡村旅游民宿的态度建立在它的位置、客房、外观设计、服务质量、娱乐设施、食品质量、安全性和收费上。品牌态度有几个幅度，比如从厌恶到喜欢。值得一提的是，品牌态度是难以改变的。

2. 构建品牌联想

品牌联想有助于品牌认知。提升品牌知名度，是品牌差异化和品牌延伸的基础，可以通过讲述品牌故事、借助品牌代言人、创造品牌感动等方式建立良好品牌联想。构建品牌联想可以从如何产生品牌联想的强度、品牌联想的偏好性和品牌联想的独特性三方面入手。

（1）品牌联想的强度，是指品牌商品在生产过程中产量和质量方面的功能。不断提高联想强度的两个因素：个人对产品信息的关注程度、产品信息宣传的密度。如王老吉，为更好地唤起消费者的需求，电视广告选用了消费者认为日常生活中最易上火的五个场景：吃火锅、通宵看球、吃油炸食品、烧烤和夏日阳光浴，画面中人们在开心享受上述活动的同时，纷纷畅饮红罐王老吉。结合时尚、动感十足的广告歌反复吟唱"不用害怕什么，尽情享受生活，怕上火，喝王老吉"，促使消费者在吃火锅、烧烤时，自然联想到红罐王老吉，从而促成购买。

（2）品牌联想的偏好性，是指消费者确信品牌所具有的属性和利益能满足自身的需求。影响偏好性的两个因素，一是品牌联想的理想度，即品牌联想的相关性、独特性和可信度；二是品牌联想的可传达性，包括产品实际或潜在的绩效能力、现在或未来的沟通前景、顾客接受的性能的持续性。

（3）品牌联想的独特性，是指品牌具有稳定的竞争优势或独特的销售定位。可以通过与竞争对手直接比较而清晰传达，在不确定对手的情况下可以间接地传达。

（四）品牌忠诚度

一部分消费者在品牌选择上呈现高度的一致性，即在某一段时间甚至很长时间内重复选择一个或少数几个品牌，很少将其选择范围扩大到其他品牌。这种消费者在一段时间甚至很长时间内重复选择某一品牌，并形成重复购买的倾向，称为品牌忠诚。品牌忠诚度是来自消费者对品牌的满意并形成忠诚的程度，反映消费者对于某一品牌的偏爱程度，是品牌资产中的核心因素。培养品牌忠诚度的方法主要包括：给顾客不转换品牌的理由；推出新产品、更新广告、举办促销等活动；努力接近消费者，了解市场需求；增加消费者的转移成本等。其主要途径是增加品牌差异化的附加价值。

品牌忠诚一般分为无品牌忠诚者、习惯性购买者、满意购买者、情感购买者和忠诚购买者五个层次，如图5-5所示。

1. 无品牌忠诚者

这一层消费者会不断更换品牌，对品牌没有认同，对价格非常敏感。哪个价格低就选哪个，许多低值易耗品、同质化行业和习惯性消费品都没有什么忠诚品牌。在农贸市场、集市上销售的农产品通常也没有品牌忠诚消费者。

2. 习惯性购买者

这一层消费者忠于某一品牌或某几种品牌，有固定的消费习惯和偏好，购买时心中有数，目标明确。如果竞争者有明显的诱因，如价格优惠、广告宣传、独特包装、销售促进等方式鼓励消费者试用，让其购买或续购某一产品，消费者就会进行品牌转换购买其他品牌。如社区直营店销售的农产品，会积累一些习惯购买用户。

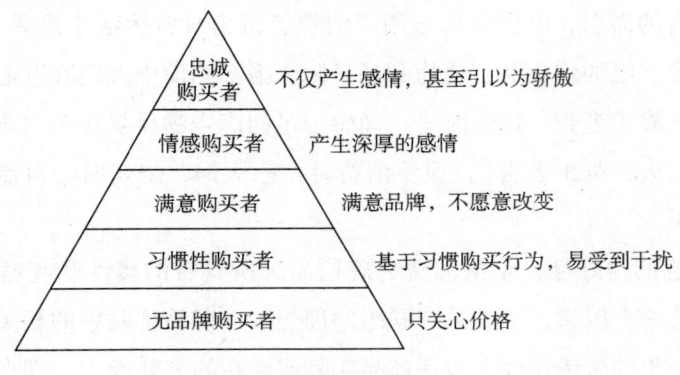

```
           忠诚
          购买者      不仅产生感情，甚至引以为骄傲
        情感购买者     产生深厚的感情
       满意购买者      满意品牌，不愿意改变
     习惯性购买者      基于习惯购买行为，易受到干扰
    无品牌购买者       只关心价格
```

图 5-5　品牌忠诚度金字塔

3. 满意购买者

这一层的消费者对原有消费的品牌已经相当满意，而且已经产生了品牌转换风险忧虑，也就是说，购买另一款新的品牌，会有效益的风险、适应上的风险等。如消费者在某个电商平台上购买到满意的农副产品，则会持续购买此平台上销售的产品。

4. 情感购买者

这一层的消费者对品牌已经有一种爱和情感，某些品牌是他们情感与心灵的依托，之所以能历久不衰，就是已经成为消费者的朋友、生活中不可缺的用品，且不易被取代。如褚橙，励志橙的品牌精神激发消费者的情感认同，成为情感购买者。

5. 忠诚购买者

这一层是品牌忠诚的最高境界，消费者不仅对品牌产生情感，甚至引以为骄傲。品牌忠诚主要通过消费者的情感忠诚、行为忠诚和意识忠诚表现出来。其中情感忠诚表现为消费者对企业的理念、行为和视觉形象的高度认同和满意；行为忠诚表现为消费者再次消费时对企业的产品和服务的重复购买行为；意识忠诚则表现为消费者做出的对企业的产品和服务的未来消费意向。

（五）其他资产

其他资产是指那些与品牌密切相关的，对品牌增值能力有重大影响的，且不易准确归类的特殊资产，如专利、专有技术、创意等。其他品牌资产可以使品牌差异化变为可能，也使竞争对手的模仿变得困难。企业应加强对其他品牌资产的投资包括对品牌的保护，对任何假冒自己品牌的行为决不能姑息，否则将会减少自己的品牌资产。

第六章

国内农产品品牌经典案例分析

第一节 北京顺鑫农业品牌建设

北京顺鑫农业股份有限公司位于北京市顺义区，是一家集白酒酿造、种猪繁育及肉食品加工、农产品加工及物流配送等产业于一体的综合型企业。公司于1998年11月4日在深交所挂牌上市，是北京市第一家农业类上市公司，注册资本57059万元。公司先后获得"农业产业化国家重点龙头企业""中国制造业企业500强""中国500强"等荣誉称号。

作为立足中国首都发展和以食品生产加工为主的农业企业，公司始终坚持"食品安全第一责任人"的理念，长期以来承担着保障北京市"菜篮子"供应的重要使命。先后圆满完成北京奥运会、残奥会、花博会、国庆60周年大阅兵、南京青奥会和每年全国两会等重大活动的农产品供应和保障任务。

一、品牌建设情况

公司始终高度重视品牌建设，重视企业文化影响力对企业的作用。顺鑫农业成立至今，旗下品牌实现了从无到有，从少到多，从不知名到全国驰名的跨越，已拥有"顺鑫""牛栏山""鹏程""小店""宁诚"5件中国驰名商标、9件省（市）级著名商标、1件国家级非物质文化遗产，已成为国内拥有驰名、著名商标最多的企业之一。

顺鑫农业现已形成了以白酒、猪肉为主的两大产业，白酒产业的主要产品品牌以"牛栏山"和"宁诚"为代表，"牛栏山"现已形成清香型"二锅头"和浓香型"百年"两大系列白酒。公司在全国市场布局加速推进，已经在河北、内蒙古、江苏等18个省级区域形成亿元级市场。新兴市场蓬勃发展，其中福建、新疆等新兴市场销售收入同比增长50%以上，长江三角洲市场增幅达70%以上，企业全国化布局成效显著。

"鹏程"品牌是中国肉类行业的领导品牌，是集种猪繁育、生猪养殖、屠宰及肉制品加工、仓储物流为一体的农业产业化企业，主要包括"小店"牌种猪及商品猪、"鹏程"牌生鲜及熟食制品。该企业在北京地区拥有规模优势明显、设计科学合理、设备设施领先、技术水平位居行业前列的猪肉及肉制品生产基地，单厂屠宰量位居全国前列，北京市场产销量始终处于领先地位。顺鑫农业现已形成"以顺鑫品牌为中心，各业务品牌协同发展"的多品牌集群式发展模式。

（一）建立产品质量的制度保障

顺鑫农业把做良心企业、确保食品安全作为最重要的社会责任，不断提高食品安全水平和产品质量品质。建立产品质量常态化监督检查机制，成立食品药品安全管理领导小组，对所属企业食品安全工作开展情况进行监督检查。建立健全厂级、车间、班组三级食品安全管理网络，制定多种管理手册、程序文件、管理制度、标准及操作指导书。

（二）建设全链条食品安全管理体系

顺鑫农业还在围绕"安全农品"打造另一条"大物流、大市场、大流通"农产品物流产业链，即"基地—研发—质检—生产—冷链配送"等一系列完整的生产工艺流程，建立起与世界接轨的硬件环境。与此同时，顺鑫农业正努力构建从"农田"到"餐桌"全程高效对接的农产品全产业链电子商务平台，致力于为消费者提供安全、健康、优质的农产品。

顺鑫农业专门打造了一条完整的营养肉食品加工产业链，集"种猪繁育—生猪养殖—生猪屠宰—肉食品加工—冷链配送"于一体形成闭环，从源头到终端全程把控，做到源头可追溯、信息可储存、流向可追查、产品可召回，有效地保障了产品质量和安全。顺鑫鹏程食品分公司建立可追溯体系，通过"公司+基地"模式实现食品源头安全可控。

（三）加强产学研合作，提升技术创新能力

为了快速有效地引进国内外先进技术，公司采取与科研院所合作的方式开展项目，目

前已开展多项产学研项目，如完成了与中国科学院合作的"大二苴酒醅微生物演替规律""白酒水解规律研究""指纹图谱""食品安全风险分析预警""发酵过程中微生物代谢规律""不同工艺基酒储存变化规律"等项目；掌握自制大曲主要优势菌株类别、数量的演替规律，总结出代表性产品主要风格特点的理论依据，为产品的质量和品牌提供了强有力的科研技术支撑。顺鑫控股鹏程公司经过反复试验和几十次的改进，终于做出了符合"月宫一号"空间基地生命保障人工闭合生态系统——基地综合实验装置所要求的四款产品：120g月宫猪肘花，120g月宫梅花肉，120g月宫鸡肉，40g月宫猪肘花。在供应的一年时间里，所供应的产品没有出现任何问题，完全满足了实验的需求。

（四）建立创新激励机制，加快研发和品牌建设

顺鑫农业为鼓励全体员工积极参与创新改善、技术改进活动，2016年制定了《科技创新奖励暂行办法》，对于员工提出的创新改善、技术改进措施，凡是公司经过实践检验，证明确实具有进步性，在生产或管理中取得明显效益的，均可参加评比和获得奖励。公司每年对提出创新改善提案的个人或团队进行表彰和奖励，及时有效地调动了员工参与管理、积极创新的意识，已累计奖励400多人次。

（五）荣誉的取得，为品牌的建设提供了强有力的基础

历年来，牛栏山酒厂和鹏程食品公司获得了一定的荣誉，赢得了重要的市场地位，积极参与科技部、北京市、顺义区科委重大项目，主动承担"神九航天大曲上天""中温肉制品加工关键技术的科研转化"等项目建设，对开展"中温肉制品靶向抑菌技术""复配型天然广谱抗菌剂开发"进行了技术攻关，取得了一定的成果，关键技术正在生产车间推广实施。

2015年鹏程食品分公司"刘尔卓熟肉制品加工首席技师工作室"被评为2015年北京市市级重点资助工作室，2017年"鹏程猪蹄"获得了中国肉类协会的优秀产品奖，2018年获得了"中式速冻调理肉派的加工装置"专利，2018年获得了"中温烟熏酱肘子加工装置"专利，2018年参与编写了《酱卤肉制品》国家标准，2019年获颁顺义区级创新平台"李海宾创新工作室"，2019年"中温酱卤肉制品加工关键技术"研究获得了顺义区工会的三等奖。

二、品牌建设的主要经验

（一）积累了坚实的发展基础和雄厚的综合实力

顺鑫农业经过上市20余年的发展，已经形成产业化、规模化发展态势，公司所属企

业23家，总资产近200亿元，拥有6件中国驰名商标、1件国家级非物质文化遗产、9件省级著名商标。顺鑫农业品牌集群已经形成，综合实力不断增强。

以牛栏山白酒为龙头的白酒产业行业地位日益突出。所属牛栏山酒厂主要生产以清香型和浓香型为代表的两大系列400余种酒类产品，年产白酒24万t，位列全国白酒行业第二。"牛栏山二锅头"首都市场占有率第一，总占地21.2万m^2的牛栏山酒厂研发中心升级改造项目正加快施工，在深挖"1+4+5"亿元板块市场的同时，正逐渐向长三角、珠三角乃至海外等更广阔的区域延伸，正全力打造中国二锅头第一品牌。占地超过26万m^2的宁诚老窖公司年生产白酒能力达5万t，致力于打造中国绵香型白酒代表企业、中国北方地区最具影响力的白酒品牌。

以大肉食产业链为特色的肉食品产业市场占有率稳步提高。所属鹏程食品分公司年生猪屠宰能力达300万头，是全国单厂屠宰量最大的企业和北京地区最大的安全肉食品生产基地，生鲜产品在北京市场占有45%以上的份额，现有销售网点4300个，拥有4万t华北地区最大单体冷库，进一步强化了公司肉食品的市场地位。旗下"小店"畜禽良种场是全国首批"国家级重点种畜禽场"和"国家级生猪核心育种场"，也是全国唯一一家获得中国驰名商标的种猪繁育企业。公司种猪销往除我国西藏、台湾以外的全国各个省、市、自治区，在北京、河北、海南等地自建养殖基地15家，合作建设养殖基地186家。

（二）实施科技创新战略，提升科技信息现代化水平

科技创新是企业发展的不竭动力。顺鑫农业大力实施科技创新战略，推动产业向创新链和价值链的高端环节拓展，提升公司科研能力，增强企业核心竞争力。一是建立健全科技创新体系，整合内外部技术资源，建设"产学研用"相结合的战略联盟和利益共同体，建立以顺鑫农业为中心、各产业技术中心为支撑、分工明确、高效协同的大研发体系；二是提升企业科技含量，以"产品细分化、品种多样化、规格系列化、档次差异化"为标准，通过内部培养和外部引进相结合，实现引进技术的消化、吸收和二次创新，加快技术研发和储备，研发具有自主知识产权的主导产品、核心技术和技术标准，提升企业科技含量；三是扩充企业科技资本。目前顺鑫控股旗下有两家国家级龙头企业，未来提升科技含量的同时申请更多国家级龙头企业资质，以此搭建企业对外宣传、与上级沟通的平台，为进入资本市场做好准备。

（三）通过壮大产业，助力乡村振兴战略落地

顺鑫农业起于农、兴于农，发展至今，"大农业"始终是公司的主导产业，与国家战

略同频共振,助力乡村振兴。通过产业化的打造,实现专业化运营、规模化扩张、品牌化经营,助力乡村振兴战略落地。顺鑫农业将在全面落实乡村振兴战略的基础上,充分释放智慧"三农"优势,依托集团智慧产业优势,通过技术载体与产业载体有机融合,全面参与"三农"工作,让"三农"插上智慧的翅膀,助力智慧"三农"落地。

(四)以"立体式"扶贫模式,助力精准脱贫攻坚战

顺鑫农业坚决贯彻落实中央、市、区扶贫工作指示精神,第一时间建组织,定规划,形成了集团抓总体、企业抓落实的同步扶贫工作体系。深入西藏尼木县、内蒙古科尔沁左翼中旗(以下简称科左中旗)、河北沽源县、万全区等对口帮扶地区进行对接,先后签订协议18项,对接项目13个,智力帮扶培训人员达610余人次。

2019年推进全面扶贫。一是做强产业扶贫,深入研究产业趋势,发挥贫困地区的成本优势,将产业扶贫做大做强,形成有竞争力、可持续发展的业务单元;二是做优就业扶贫。顺鑫坚持扶贫与扶志、扶智相结合,根据企业实际情况,尽量吸收当地困难群众就业,提高相关待遇;加强职业培训,使当地群众真正掌握一技之长,有效防止其再次返贫。

(五)助力"三农"工作取得新成效

顺鑫农业通过发挥院士工作站、国家级实验室等科研平台优势,不断提升农产品品质;通过构建标准化、流程化、精细化安全生产体系,取得了非洲猪瘟阻击战的阶段性胜利;通过采取"公司+基地+农户"的产业模式,建立与农户长期的合作机制,取得了显著的社会、经济效益。接下来,将继续发挥农业产业化龙头企业使命,履行服务"三农"、助农增收的承诺,使顺鑫农业成为推动中国"三农"发展的中坚力量。

三、取得的效益

(一)积极转型升级,促进经济效益快速提升

顺鑫农业紧跟时代步伐,寻求农业产业发展之路,坚持"以投资控股型发展模式,实现顺鑫转型升级"的发展思路,不断壮大规模,提高综合实力。成立二十多年来,一直保持经济的稳定增长,经济效益大幅提升。截至2018年底,公司总资产达到198.5亿元,实现销售收入120.7亿元,利润总额10.6亿元,净利润7.3亿元,上缴税金超20亿元。

（二）全产业链绿色发展，生态效益日益显著

顺鑫农业经营领域涵盖农业产前、产中、产后的全过程，打造从"田间到餐桌"全产业链体系建设，促进绿色发展，有利于保护生态环境。公司本着强化产品监管、保障百姓健康、构建长效监管机制的原则，始终将原料产品安全放在食品安全的第一位，采取"自主原料基地为主、合作挂牌基地为辅"等方式，不断加强农产品原料基地建设，先后投入数亿元建设了种猪繁育、生猪养殖及高粱、玉米（酿酒原料）等原料基地，实行严格的原料安全管理，严格规范标准化生产，从而建立起密闭式、一体化的生产管理体系，确保食品安全的完全可控。

（三）带动农民就业增收，发挥国企担当

顺鑫农业积极发挥农业产业化龙头企业的带动作用，在北京市顺义区、河北香河、四川成都等地通过与乡政府、村委会以及农民专业合作组织签订合同等方式带动农户建立了生猪养殖基地和玉米种植基地。2018年，种植玉米面积超过533万m^2，基地养殖生猪200余万头，累计带动农户430余万户，户均年增收3500多元，直接安置劳动力就业13000余人，在促进农民增收、农业结构调整方面起到了良好的推动作用。

（四）带动建档立卡，助力贫困户脱贫

顺鑫农业每年与顺义区南彩镇望渠村、北务镇郭家务村、李桥镇吴庄村、大孙各庄镇大段村、北小营镇北府村签订"一助一帮扶"合约，每年资助每村各二十万元，用于村内环境整治等。

顺鑫农业全面落实北京市委、市政府深入开展"对口帮扶"协作、助力打赢扶贫攻坚战的各项决定和要求，进一步推进顺义区与河北万全区、沽源县、西藏尼木县、内蒙古科左中旗、巴林左旗和河南西峡县6个地区的对口帮扶协作工作。实施帮扶合作项目49个，组织挂职干部扎根受援地区精准扶贫，与河南南阳、内蒙古科左中旗进行对口帮扶工作。

顺鑫农业砥砺前行二十余载，矢志不渝；逐梦奋进二十余年，初心未改。从优秀到卓越，顺鑫农业超越创新的脚步从未止息。展望未来，顺鑫农业将牢牢把握新时代下的战略机遇，以"十种关系""一盘棋"思想、"八个能力""100+1"精神为引领，以打造具有国际竞争力的世界一流企业和知名品牌为目标，在"服务民生、百年顺鑫"愿景的指引下，不忘初心，继续前进！

第二节　北京绿富隆品牌建设

一、品牌建设情况

北京绿富隆农业科技有限公司的前身——北京绿富隆农业有限责任公司成立于2002年，为延庆区属国有全资农业企业。现有有机蔬菜种植基地66.7万 m^2，位于延庆区旧县镇政府西1.5千米，其中日光温室21栋、塑料大棚271栋、连栋温室6400m^2，种植黄瓜、番茄、芹菜等蔬菜30多种，年产量可达4000t；种苗繁育基地31.7万 m^2，有日光温室10栋、塑料大棚47栋、连栋温室6000m^2，蔬菜花卉种苗年产500万株，2009年被评为国家级蔬菜种苗标准化育苗基地；加工配送中心31.7万 m^2，位于延庆区大榆树镇，现有冷库3200m^2，储备容量达3000t，净菜、脱水蔬菜、速冻蔬菜年产量可达3.5万t，承担北京市政府蔬菜应急储备任务。

2016年以来，企业坚持以"专注有机农业，引领绿色生活"为宗旨，逐步将主营业务从有机蔬菜生产、加工、销售、配送等向生产服务、营销流通、科技创新、金融保障平台转化。目前已通过有机、无公害等各项认证，是"北京2008奥运商品供应先进单位""北京市农业产业化重点龙头企业""全国农产品加工示范企业"等，荣获"中国名牌农产品""国家农业标准化示范区""中关村高新技术企业""北京农业好品牌"等荣誉。

二、品牌建设的主要经验

（一）抓主业，做好现代农业园示范区打造

绿富隆公司将有机蔬菜种植作为公司的主要业务，在实际生产过程中，以"立足农业、服务首都，保障食品安全，服务绿色生活"为己任，积极打造都市型高标准现代农业示范园。在园区内建设智慧农业中控展示中心、农业智能生产控制系统、农业数字生产管理平台等设施，确保生产的科技化，产品的可追溯。强化科技在农业成果中的体现，积极打造农业科研单位成果转化示范基地，目前已开展昆虫信息素防控效果试验示范、迁飞性害虫雷达监测和茄果类高产品种筛选实验。

同时，公司还成立了博士后科研工作站，与高校科研院所开展人才培养合作。

（二）促发展，提高自身核心竞争力与示范带动能力

为了响应中央对国有企业改革的号召，公司按照区委关于进一步深化区属国资国企改革的工作部署和文件规定，积极出台《北京绿富隆农业股份有限公司实现平台化转型方案》并开展工作。在改革过程中，逐步将主营业务从第一产业向生产服务平台、营销流通平台、科技创新平台、金融保障平台转化。

1. 生产服务平台

建立生产服务联盟，将延庆区现有的已通过无公害认证、绿色认证、有机认证的农业企业及合作社纳入延庆优质农产品营销流通体系平台，共同遵守绿色公约。建立专家联盟，加大技术培训服务力度。加强质量检测，构建质量安全"最后一道防线"。

2. 营销流通平台

整合统一品牌，统筹对接市场。紧密结合"互联网+"，充分利用流量大的电商平台，建立地区电商联盟，促进线上线下融合。完成全区冷库调研，综合考虑冷库分布、产权、运营情况等多方面因素，选取集体产权冷库，根据筛选出的冷库位置进一步调研冷库实际使用面积、运营情况并投入使用。优化配送服务水平，成为延庆农产品集散配送中心，积极推进"农邮通"服务站建设运行，促进农产品高效集散、优化配送和农村快递便捷转投。实现从田间地头到餐桌直通，解决配送最后一公里难题。

3. 科技创新平台

积极主动参与，承担国有企业应有的政治责任和社会责任，主动谋划北京冬季奥林匹克运动会（简称冬奥会）、北京世界园艺博览会（简称世园会）服务保障工作，对接两件大事，集成技术优势，打造地区现代农业示范区。充分发挥绿富隆博士后科研工作站作用，与中国科学院植物研究所合作，联合招收博士后研究人员开展珍稀水生蔬菜的引种栽培、品质优化、园艺共性技术开发等前沿研究工作。该项工作对农业、园艺产业技术创新以及我国种质资源保护都具有重要意义。

4. 金融保障平台

加大产业扶贫力度，解决销售融资难题。主要面向中小合作社及农户，特别是低收入农户群体，以产业扶贫为切入点推进，借助诚信共享平台，为合作社提供小额资金贷款担保，制定政策补助银行利息、担保费用等融资成本，提高资金周转效率。

（三）强担当，做好全区优质农产品统筹工作

1. 营销流通方面

销售按照线上、线下两种方式进行统筹。线上充分发挥电商销售优势，挑选 20 余种优质农产品入驻淘宝、微店、京东、邮乐网等电商销售平台，统筹产品品种、规格、价格，逐步开展促销活动。线下合作直营店 4 家，对接大客户 10 家以上，开展单位食堂用餐配送和精准销售。流通方面，与邮局开展全面合作，在大榆树优质农产品配送中心平稳运营的基础上，利用邮局自有的西拨子、康庄四街、张山营、永宁、井庄、沈家营和庆园街 7 处配送站，并吸引 37 家农业企业及合作社加入。主要面向首都，打造从田间地头到消费者餐桌 5h 配送圈。

2. 质量把控方面

进一步完善全区产业联合体体系绿色公约和准入退出管理办法，指导相关企业、合作社、产业园等严格遵守生产标准和技术规范，打造标准化园区，提升全区优质农产品标准化生产水平。加强质量监管"最后一公里"建设，内检依托区种植中心和绿富隆自检平台，进行快速检测；外检与第三方权威检测机构合作，开展定性检测与定量检测，实现全产业链监管。

（四）主动作为，积极服务保障世园会、冬奥会

2018 年绿富隆公司承接了 2019 年世园会的种苗服务选育工作，在满足世园会要求的同时，积极筛选出 47 种适合在延庆区本土种植的品种，引进香草类植物，打造"北京最大香草园"。2019 年，绿富隆公司基地作为延庆区百蔬园三个配套保障基地中最大的一个，已为百草园提供香草 10 余种，为百蔬园展示提供种苗 16 类。同时借力世园会，公司积极探索开发具有多种功能、全年性、反季节、赏食兼用的园艺产品，使消费者以基本相同的价格或者稍高一点的价格购买更优的产品。

为了保障冬奥会物流食品安全供应，建立现代流通体系，确保延庆区食品供应安全，助力延庆农产品流通体系供给侧改革创新模式，加快老旧农产品批发市场转型升级，公司于 2019 年开始，与北京首农供应链管理有限公司合作建设延庆区生活必需品供应项目，以农产品为主，开展仓储、集货配送与展示交易等业务，项目包含展示服务中心、集货中心和仓储中心，占地 30000 余平方米，建成后将积极服务延庆区、冬奥保障及日常居民的生活供应。

三、取得的效益

（一）助力区域产业发展，解决农民就业

开通"绿色就业通道"，通过劳务用工，实现以产业发展带动就业，产业扶贫、就业扶贫双覆盖，增强贫困人口造血能力，目前已吸纳对口帮扶村及园区驻地周边100余名劳动力就业，人均月增收3000元。

（二）聚焦低收入群体，实现精准帮扶

委派一名党员到内蒙古兴和县挂职锻炼，建立"党支部+合作社+贫困户"模式，带动贫困户发展蔬菜、杂粮等无公害农业种植产业，线上线下宣传兴和农产品，加大展销力度；委派一名党员到河北宣化县挂职锻炼，借助公司营销流通体系建设，整合内蒙古兴和县、张家口宣化县、怀来县及河南内乡县4个对接帮扶地区37种优质农产品，进行展示销售。

（三）服务延庆创业合作社，降低配送成本

委托邮政公司提供低成本高效率的优质农产品物流配送服务。充分调动邮政物流积极性，落实补贴政策，对照延政办发〔2017〕41号文件标准，商超订单按车载吨位予以补贴，1吨位车补贴200元，3吨位车补贴300元，宅配订单为每单补贴5元，为农业企业合作社减少配送成本100万元。

第三节 乳业品牌——光明乳业

一、品牌建设情况

光明乳业股份有限公司是由国资、社会公众资本组成的产权多元化股份制上市公司，其业务渊源始于1911年，已拥有100多年的历史。目前主要从事乳和乳制品的开发、生产和销售，奶牛的饲养、培育，物流配送，营养保健食品开发、生产和销售等业务，是目前国内规模最大的乳制品生产、销售企业之一。公司拥有世界一流的乳品研究院、乳品加

工设备以及先进的乳品加工工艺，主营产品包括新鲜牛奶、新鲜酸奶、乳酸菌饮品、常温牛奶、常温酸奶、奶粉、婴儿奶粉、奶酪、黄油、冰淇淋、烘焙等多个品类。

身为百年乳企，光明乳业一直是"上海制造"的标志。为了让消费者喝到更高品质的牛奶，光明乳业近年来引入多个世界级质量管理体系，并始终围绕"新鲜"这一目标，在奶源、技术、工艺、冷链和服务的全产业链管理上保障乳品的卓越品质。光明乳业旗下5家工厂通过日本工厂设备维护协会（Japan institute of plant maintenance，JIPM）审核，其中北京、广州、富裕、中心工厂获得"全面生产力管理"（Total productive maintenance，TPM）优秀奖。公司无论是在食品安全、科技创新还是在管理等方面均获得社会和国家认可，也因此获得众多奖项，如"中国食品安全年会十强企业""最具社会责任上市公司奖""2018年国家技术发明奖二等奖"等。2019年光明乳业股份有限公司凭借全产业链、全过程、全方位、全员卓越质量管理，获得"全球卓越绩效奖"，成为当时中国乳制品行业中第一家也是唯一一家获此殊荣的企业。在2021年5月28日举行的2021年度上海市质量工作会议上，光明乳业股份有限公司荣获"2020年度上海市市长质量奖（组织）"，成为该奖项自2008年设立以来首家获此殊荣的食品企业。

光明乳业的可持续发展之道是质量战略，即以质量为核心，以创新为动力，以品质促品牌的发展道路。光明乳业表示，质量安全是企业的生命，是企业发展的信仰。公司将秉承质量追求无止境的匠心精神，让世界看到中国乳企对质量管理的执着努力。

二、品牌建设的主要经验

（一）建设现代化标准牧场

光明乳业养殖的奶牛甄选优良荷斯坦牛与澳大利亚娟姗牛，养殖所用的饲料均为公司统一采购。公司坚持自主育种，并拥有专业的育种队伍，建立了完整的育种体系。2017年光明乳业共有牧场28个，存栏奶牛8.6万头。在牧场建设方面，采用光明创立的"千分牧场"评价标准体系管理，每一个牧场都配套相应规模的土地，以用于饲料种植与粪水还田。光明乳业旗下共拥有21家工厂，遍布全国各地，年产奶量超115万吨。其中，上海地区的华东中心工厂占地15.5万平方米，总建筑面积12.6万平方米，总投资14亿元，拥有61条灌装线，日产2600吨、年产60万吨优质乳制品，是目前世界上最大的液态奶单体乳品加工工厂。

2018年公司各牧场在环保、安全上进行了较大的投资建设。光明乳业精心打造机械化牧场，在全混合日粮（Total Mixed Ration，TMR）加工、挤奶、牧场清粪、青贮种植与收割等方面实现机械化作业。在标准化饲养管理方面，光明牧场于2017年推出标准化操作流程（Standard Operation Procedure，SOP），并不断完善，同时定期对牧场进行"千分制"评估，涵盖饲养管理、热应激、犊牛饲养、育种繁殖、防疫保健、牛奶质量和奶厅设计等方面。正是有了牧场的良好基础，光明乳业实现了从牧场到终端的全产业链打造，为消费者全程把关，并确保高品质的产品与服务始终如一。

值得一提的是，2020年光明乳业首创了国内生牛乳空运模式，将中国奶源黄金带宁夏中卫牧场的原奶用3h空运至上海，并制作高品质中卫奶源版的"优倍鲜奶"，完成从奶源选用到空运生牛乳再到生产的进阶之旅，更在消费升级与国内国际双循环背景下，嫁接起中国东部与西部的空中经济之路，助推行业更高标准的可持续发展。

在提高规模化牧场关键指数方面，光明乳业主要从制定流程、检查执行两方面着手。这是一套相辅相成的工作体系，通过提高饲料转化效率、控制经营成本、控制制造费用等多方面的实践运用，将牧场养殖的规模化水平逐步提高，控制养殖成本，提高收益，并形成一套精准有效的养殖体系。

（二）引进先进质量管理体系

作为历史悠久的乳企，光明乳业伴随一代又一代消费者成长，对质量的追求从未改变。自2006年起，光明乳业逐步推行全产业链各环节可操作、可量化的"千分"质量安全审核系统。

2010年，光明乳业成为国内首家导入制造持续改善生产管理（World Class Manufacturing，WCM）的乳制品企业。自光明乳业推行WCM项目以来，已经覆盖全国14家工厂，共计组建质量改善小组558个，员工组织研究改善方案8000余件。

（三）坚持质量优先，实施"18165"品质光明战略

对光明乳业而言，质量是根，品牌为魂。在"以质量为核心，以创新为动力，以品质促品牌"的战略下，实现光明品牌不断创新发展。

2015年，光明乳业成为行业内首家发布"食品安全白皮书"的企业，并连续三年向社会公众彰显质量管理的信心和决心。2018年，光明乳业在新时代背景下，坚持"质量优先"，将"食品安全白皮书"升级为"质量白皮书"，并持续提升质量管理水平，升级光明质量战略及战略举措，确定了"18165"品质光明战略，包括1个质量战略、8项战略举措、1个光明质量体系、光明PAI（预防Prevention/评估Assessment/改善Improvement）体系的6大支

柱,以及5支质量人才队伍建设,为广大人民群众提供更加优质的产品和服务,努力为满足人民日益增长的美好生活需要提供全方位保障。光明乳业凭借其高质量的管理水平,生产出高质量的产品,在2018年成功上榜"中国品牌100强"。

(四) 深耕"新鲜"领域,创新研发驱动品牌发展

作为一家拥有百年历史的乳制品企业,光明乳业数十年如一日深耕"新鲜"领域。为了让消费者喝到更高品质的牛奶,光明乳业近年来引入了多个世界级质量管理体系,并始终围绕"新鲜"这一目标,在奶源、技术、工艺、冷链和服务的全产业链管理上保障乳品的卓越品质,同时,光明乳业更是将创新视为企业的发展动力。

1. 企业管理、产品质量保障

光明乳业在企业管理、质量保证方面,创立"千分牧场"标准管理审核体系,引进世界级质量管理体系,发布"食品安全白皮书""质量安全白皮书",确定"18165"品质光明战略,2019年升级卓越质量管理体系。一杯光明牛奶从牧场到达消费者手中,需经过808~1581个质控点的全方位把关,采用追溯与管理相结合模式,达到产业链全程可追溯、消费者可体验式追溯,从奶牛养殖到原奶品质、生产全过程可追踪溯源。保障了产品的高质量,让消费者做到安心、放心。

2. 全产业链打造新鲜品质

2018年10月12日,光明乳业旗下全资子公司"领鲜物流"通过英国零售商协会——储存和配送(The British Retail Consortium-Storage and Distribution, BRC-S&D)全球食品安全标准最高级别认证,是当时国内唯一通过该认证的冷链物流企业,也是国内乳品行业中首批五星级冷链物流企业之一,曾成功服务于首届中国国际进口博览会。光明乳业与阿里云达成双方在新零售、泛电商等领域的深度合作,将大数据等数字化管理引入其管理体系,迎来全产业链管理的再次升级。光明乳业创新终端配送模式"随心订",全国销售网点布局覆盖20多个城市,每天为超过120万个家庭送奶到家。此外,光明乳业旗下产品在2019年天猫"双十一"期间取得了单日销售额1841万元的历史新高。优质的冷链物流,让光明乳业在产品新鲜品质上做到了全方位360度保障。

3. 科技服务生活,创新研发驱动品牌发展

"让科技服务生活"是光明乳业一贯坚持的追求。光明乳业研究院作为公司研发基地,目前拥有八大科研平台,其中四个科研平台属于国家级,科研水平在行业内位居前列。研究院拥有一支实力雄厚、专业广泛的技术团队。近年来,光明乳业研究院积极培养优秀人才,在人才的结构上以年轻化为方向,打破了以往的单一模式,建立了跨学科、跨专业、

复合型多纬度的专业人才队伍，在业界屡获殊荣。在品质传承过程中，创新始终是光明乳业的发展动力。

光明乳业有60多年的养牛历史。生牛乳质量逐年提升，菌落总数、体细胞数量均值低于欧盟及美国标准要求。早在2008年，光明乳业旗下首款常温酸奶"莫斯利安"上市，开创了中国常温酸奶这一新品类。2012年，光明乳业还针对糖尿病患者等对糖敏感者，开发了含糖量减少68%的"如实"发酵乳。2017年光明乳业继续加大创新研发投入，依托光明乳业研究院的八大科研平台，开拓乳品营养新方法，建设了包括4500余株不同类型乳酸菌的乳酸菌资源库，申请了142项国家专利。同年，光明乳业在国家乳业科技创新联盟的指导下，完成了巴氏杀菌奶从85℃到75℃的杀菌工艺升级，通过了"国家优质乳工程"项目验收，实现了全产业链质量管理的全面升级。升级版的"畅优益菌多"，添加了光明独有的植物乳杆菌ST-Ⅲ，使产品更适合中国人的肠胃。明星产品"优倍"系列鲜奶，也在现有的0脂肪及全脂鲜牛奶基础上，推出了"减脂肪50%"鲜牛奶和浓醇鲜牛奶两款新品。2019年1月，光明乳业凭借与江南大学联合开发的"耐胁迫植物乳杆菌定向选育及发酵关键技术"荣获国家技术发明奖二等奖，成为乳制品行业中唯一获得2018国家技术发明奖的企业。

以质量促品牌，高品质追求让光明品牌历久弥新。为保障全产业链的打造与升级，光明乳业坚持优质奶源，从源头实现品质把控，助力中国奶业发展。

4. 提振"新鲜"消费力

业绩的增长，离不开营销的投入。2019年7月，光明乳业发布董事会决议公告，同意增加不超过1.5亿元营销费用，用于公司2019年光明大品牌营销项目，其中包括广告费用的投放、提升光明整体品牌形象。

光明乳业进行了多种形式的营销，包括召开"领时代，鲜未来"领鲜成果发布会、"鲜活新升"新鲜品类发布会，邀请当红明星成为"莫斯利安"品牌全新代言人，旗下高端新品"致优娟姗鲜牛奶"荣耀赞助上海劳力士大师赛等。另外，光明乳业成为中国探月工程质量保障对标合作企业，为产品深度研发奠定了坚实的基础。光明乳业战略合作伙伴中国女排以十一连胜的优异成绩卫冕世界杯冠军，让光明乳业品牌在世界舞台再放异彩。不仅如此，自2018年年底，光明乳业就开启了"跨界"的新玩法，在继续推出新品的同时，光明乳业展开跨界合作。与潮牌INXX联手推出INXX STREET×光明牛奶服饰系列，打造全新"国潮"风，上市当日即告售罄；与豫园合作的"豫园限定老酸奶"一经推出便取得了巨大反响；而于2019年7月推出的光明乳业大白兔奶糖风味牛奶获选"2019年上海特色伴手礼"。

在高品质、强研发的"双保险"下，插上营销创新"双翼"的光明乳业在"品质引领品牌"的道路上走得越发稳健。光明乳业在大品牌建设的"新鲜"之路上亮点频出，硕果累累，品牌价值被不断放大。

（五）全球化布局

除了纵向深耕"新鲜"，光明乳业也在寻求产业布局的横向发展。在海外布局上，新西兰新莱特于2010年被光明乳业收购后主营业务稳步发展。2019年上半年，位于新西兰南岛生产基地的液态乳制品生产线已建成并正式投入生产，新莱特与新西兰南岛食品公司的长期供应协议按计划顺利执行。9月新莱特子公司入驻上海落实长期战略，光明乳业也将进一步成为产业链完善、技术领先、管理一流、具有核心竞争力和卓越影响力的国际性乳业集团，力争进入世界乳业领先行列，让更多人感受美味和健康的快乐。

第二届中国国际进口博览会前夕，光明乳业与乌拉圭国家奶农合作社集团Conaprole签订了框架合作协议，促进双方在原料、研发、市场信息方面的合作与信息共享。在光明食品集团"全球食品集成分销平台"展区举行的集体签约仪式上，光明乳业与西班牙CLUN公司签约，以共同首发高品质牛奶Unicla（优尼格）为契机，共同开展战略合作。这一系列签约，推动了光明乳业全球化战略升级，从而实现光明乳业国际化布局。

三、取得的效益

光明乳业的莫斯利安品牌极具知名度，产品品质始终如一，品牌创新持续升级。据凯度消费者指数2019年1月发布的调研数据显示，在全国新鲜牛奶市场中，光明乳业份额稳居第一。

从牧场到终端，光明乳业明确一切质量行动都要坚持以提升产品品质为基础贯彻落实，不断以科技创新驱动技术发展，以品质赢得消费者的信任。

第四节　粮食品牌——赤峰小米

赤峰小米，内蒙古自治区赤峰市特产，全国农产品地理标志产品。

2016年3月31日，农业部批准对"赤峰小米"实施国家农产品地理标志登记保护（中华人民共和国农业部公告第2384号）。

2017年6月，国家工商总局商标局受理了"赤峰小米"地理标志证明商标的申请。

2017年12月3日~4日，世界瞩目的2017中国农业（博鳌）论坛在海南博鳌亚洲论坛国际会议中心举行。由赤峰农牧业产业化龙头企业协会推荐的"赤峰小米"，以卓越的产品品质和厚重的历史文化，荣获2017年中国农业（博鳌）论坛"神农杯"最具影响力农产品区域公用品牌奖。

2018年2月27日，商标局以第1589期公告，对"赤峰小米"进行了初审公告。

2019年11月15日，"赤峰小米"入选中国农业品牌目录。

2019年12月17日，"赤峰小米"入选2019年第四批全国名特优新农产品名录。

一、产品特点及产地环境

（一）产品特点

1. 外观特点

赤峰的气候条件决定了根植于赤峰旱坡地的谷子具有耐干旱、抗倒伏、适应性强、品质优良等特点，致使当地谷子（粟）加工后的小米颗粒大，粒径为1.0~1.5mm。

2. 内在品质特性

赤峰小米，粒呈圆形，晶莹透明，适口性好，营养丰富，金黄馨香，富含人体所需的蛋白质、维生素和钙、磷、铁等微量元素，是平衡膳食、调节口味的理想食品，是强身健体、滋补养生的天然良品，更适合孕妇及产后进补食用。

赤峰小米蛋白质含量为8.65~11.4g/100g，维生素B_1含量为0.31~0.48mg/100g，维生素B_6含量为0.04~0.05mg/100g，维生素E含量为0.79~1.32mg/100g，叶酸含量为23.8~34.1μg/100g，磷含量为176~290mg/100g，钾含量为183~255mg/100g。

3. 资源丰富

赤峰小米资源丰富，种植有黄金苗、毛毛谷、大红谷、赤谷系列等多个原始及改良品种，培育打造了"八千粟""契丹""蒙田""禾为贵""增嘉园"等诸多产品品牌。

（二）产地环境

赤峰市是全国三大杂粮杂豆主产区之一，悠久的种植历史和自然资源禀赋，造就了赤峰成为"中国杂粮杂豆之乡""中国小米之乡"。赤峰市发展杂粮种植产业，在现有耕地面积100万公顷的基础上，杂粮播种面积常年稳定在50万公顷左右。

1. 土壤地貌

赤峰地处大兴安岭南段和燕山北麓山地，包括西拉木伦河南北与老哈河流域广大地区，呈三面环山、西高东低、多山多丘陵的地貌特征。山地约占赤峰市总面积的42%，丘陵约占24%，高平原约占9%，平原约占25%。大体分为四个地形区：北部山地丘陵区、南部山地丘陵区、西部高平原区、东部平原区。

2. 气候情况

赤峰市属中温带半干旱大陆性季风气候区。冬季漫长而寒冷，春季干旱多大风，夏季短促炎热、雨水集中，秋季短促、气温下降快、霜冻降临早。大部地区年平均气温为0~7℃，最冷月（1月）平均气温为-10℃左右，极端最低气温-27℃；最热月（7月）平均气温在20~24℃。年降水量的地理分布受地形影响十分明显，不同地区差别很大，在300~500mm。大部分地区年日照时数为2700~3100h。每当5—9月天空无云时，日照时数可长达12~14h，适宜种植谷子。

二、生产情况

赤峰小米资源丰富。优质谷子种植基地常年保持在2000平方千米，年产小米近70万吨。

赤峰小米地域保护范围为所辖阿鲁科尔沁旗、巴林左旗、巴林右旗、林西县、克什克腾旗、翁牛特旗、喀喇沁旗、松山区、红山区、元宝山区、宁城县、敖汉旗12旗县（区）132苏木（乡镇）。地理坐标为北纬41°17′10″~45°24′15″，东经116°21′07″~120°58′52″。

（一）品种范围

选黄金苗、毛毛谷、大红谷、赤谷系列品种，多为国家优质谷子品种和丰产稳产谷子品种。

（二）生产过程管理

赤峰小米病虫害防治以农业防治、生物防治、物理防治为主；施肥以有机肥为主，化肥为辅，化肥与有机肥配合使用。

（三）产品收获及产后处理

当谷穗完全变黄、谷粒硬化时及时收割、打捆或在土麦场晾晒。人工方式是将谷穗与植株刈离，谷草重新打捆，谷穗平铺土麦场，由人工脱粒或用机械脱粒，严禁在沥青路或水泥场地用车辆碾压脱粒造成谷胚霉菌感染，或发生生理变化。

（四）生产记录要求

谷子生产全过程都有完备的记录档案，对谷子品种、种子处理、施肥时间、数量方法和用药时间、剂型、剂量、稀释倍数、使用量、使用方法及收获情况等相关内容措施作详细记录。所有记录的档案内容真实、准确，并具有可追溯性，记录档案资料由专人保管3年。

三、历史渊源

赤峰境内被国家考古界命名的原始人类文化类型有兴隆洼文化、赵宝沟文化、红山文化、富河文化、小河沿文化、夏家店下层文化。考古发掘出来的石器、骨器、陶器、青铜器等生产、生活器物证明，早在8000余年前其境内的原始先民已经过着原始农耕、渔猎和畜牧的定居生活。

赤峰市种植谷子历史悠久，2003年在兴隆沟遗址出土了距今8000年的粟和黍的碳化颗粒标本，经加拿大、英国和我国的研究机构用碳14等手段鉴定论证后，认为是人工栽培形态最早的谷物，由此推断赤峰敖汉地区是中国古代旱作农业起源地，也是横跨欧亚大陆旱作农业的发源地。

四、品牌建设的主要措施

赤峰市委、市政府认真贯彻落实中共中央"坚持抓产业必须抓质量，抓质量必须树品牌，坚定不移推进质量兴农、品牌强农，提高农业绿色化、优质化、特色化、品牌化水平""健全特色农产品质量标准体系，强化农产品地理标志和商标保护，创响一批'土字号''乡字号'特色产品品牌"指示精神，认真贯彻落实农业农村部关于加快推进品牌强农的意见，并于2015年下发了《赤峰市加快推进品牌农牧业发展的意见》（赤政发79号文件）。文件指出："市和旗县区都要重视农畜产品品牌建设工作，做好'三品一标'农畜产品品牌建设工作中的领导协调、监督和考评工作，全市上下通力合作、齐心协力，把我市农畜产品品牌建设工作提高到一个新水平。"

2018年3月13日，时任自治区副主席、赤峰市市委书记的段志强在全市农村牧区工作会议暨脱贫攻坚工作会议上的讲话中指出："赤峰的农畜产品品质不错，用过的人都说好，但知道的人并不多，关键是宣传没跟上、品牌效应没形成。今年开始，市、旗两级要安排专门的农畜产品品牌建设和宣传资金,宣传部门制定方案,高密度、多层次对外宣传推介,让赤峰产品走出赤峰,走向全国。"

为了更好地利用"赤峰小米"的农产品区域公用品牌,维护和提高"赤峰小米"在国内外市场上的良好信誉,促进赤峰小米产业健康发展,市政府授权由赤峰农牧业产业化龙头企业协会注册"赤峰小米"地理标志证明商标,并对其进行日常监督管理。

(一) 做好宣传

做好"赤峰小米"区域公用品牌,讲好"赤峰小米"的品牌故事,大力宣传"吃赤峰小米,品红山文化"的口号。以赤峰区域地理特色为标志,以八千年农耕文明为内涵,以应用优良品种通过绿色种植为基础,以标准化管控为核心,以中高端产品为市场定位,打造"赤峰小米"区域品牌。与厚重的史前文明交相辉映的是灿烂的农耕文明,距今8000年的兴隆沟遗址被学术界誉为"华夏第一村"。在兴隆沟遗址第二地点出土的红山文化整身陶塑人像,被有关专家誉为"中华祖神"。在兴隆沟遗址浮选出土的碳化粟和黍颗粒比欧洲早2700余年。2012年,赤峰市敖汉旱作农业系统被联合国粮农组织列为全球重要农业文化遗产。2014—2021年,赤峰市已经连续承办了七届"世界小米起源与发展大会",这对于宣传赤峰是"世界小米发源地"起到了积极作用。

(二) 由农牧业主管部门和行业协会牵头,组建产业化联合体

由农牧业主管部门和行业协会牵头,协助小米生产、加工企业组建多个小米产业化联合体。根据农业部、财政部等六部委联合下发的《关于促进农业产业化联合体发展的指导意见》(农经发〔2017〕9号),内蒙古自治区被列为试点省区。赤峰市抓住这个政策机遇,在赤峰小米主产区抓好小米产业化联合体的组建工作,解决了"低小散优"的问题,已经在全市培育出了几个能够在全自治区、全国叫响的小米产业集团。

(三) 通力协作

农牧业、工商、质检、食药监、市场监督、文化旅游、新闻媒体等部门密切配合、通力协作,在商标注册、品牌晋升、质量安全、产品销售、品牌宣传、品牌保护等方面,给予农产品生产经营主体指导和帮助,为共同打造赤峰地区农产品公用品牌献计出力。

(四) 落实各级政府的激励政策

近年来,内蒙古自治区、赤峰市政府制定出台了一系列农产品品牌建设方面的奖励政

策。自治区人民政府以内政发〔2017〕142号文件下发了《内蒙古自治区人民政府关于进一步实施商标品牌战略的意见》，提出加大财税支持力度，对取得国际商标注册、普通商标注册的，根据实际情况由商标注册人所在地财政预算安排予以奖励。赤峰市人民政府办公厅以赤政办字〔2016〕188号文件印发了《赤峰市农畜产品"三品一标"认证（登记）奖励办法的通知》，全市农产品生产经营主体抓住这些奖励政策的有利时机，加强企业的品牌建设，为做大做强"赤峰小米"这一具有影响力的农产品区域公用品牌贡献自己的力量。

（五）农产品加工业提升

赤峰市农牧业产业化龙头企业正在积极落实党的十九大精神，开展农产品加工业提升活动，在赤峰小米深加工方面开了一个好头。内蒙古佟明阡禾食品有限责任公司不断加大科技创新和新产品研发投入，引进国内外先进技术，采用物理压榨工艺，研制出"小米饮料"，该饮料谷香浓郁，顺滑爽口，使小米中丰富的植物蛋白和膳食纤维充分地被人体吸收和利用。该饮料一上市，受到了各个年龄段消费者的欢迎。内蒙古增嘉园有机农业有限公司在贵州茅台镇投资办起了酒厂，利用增嘉园的优质小米和赤水河优质的水源，辅以古法酿造工艺，生产出"中国第一家酱香型小米酒"，既打造出一款高端白酒，又充分利用了一年以上的陈米，创造了较好的经济效益和品牌效益。

全市小米生产经营主体正以佟明阡禾公司和增嘉园公司为榜样，加大科技创新力度，做好赤峰小米的深加工，研发出各种高端小米产品，不断满足城乡居民对美好健康生活的需求。

五、效益分析

农产品区域公用品牌创建先进地区的经验告诉我们，要将生态优势转化为商品优势，政府要构建品牌推进制度，打造全产业链服务体系，努力打造一个全域化、全品类、全产业链的公用品牌，通过整合品牌，由政府组织，以统一的形象面对消费者，并不断进行强化，才能在日趋激烈的市场竞争中占有独特的地位。

（一）社会效益

（1）解决了农村牧区山坡地、低产田改造的关键问题。土地集中流转种植，改变了山坡地靠天吃饭的局面，使低产田变高产田，分散土地得以集中改造利用，增加了效益。

（2）提高了土地资源优化配置，建立了完善的生产服务体系，科学施肥，使作物产量和农产品质量大幅提升。

（3）降低了劳动成本，保证了粮食产量。按照标准化、规模化生产的要求，统一使用种子、有机肥料、无残留的生物农药，采用机械化作业、集约化、现代化经营，农牧业科学技术得到了广泛应用。通过科学技术、机械化作业、高效节水灌溉和微生物有机肥等先进适用技术的实施，达到了粮食增产、农牧民增收的目的。

（4）形成了专业农牧业平台运作技术团队，创新农牧业发展新模式。

（5）更加有利于扩大政府对农业的投入，帮助农村牧区产业提升，促进产业融合，加大农业规模化种植力度，形成市场化运营的新型农业发展模式。

（二）生态效益

1. 提升了土地产出率，增加了粮食产量

利用微生物有机肥，针对性地解决多年使用化学肥料导致土壤板结、土地生产能力下降等问题，使改造后的土地变成高产稳产田，提高了粮食产量和品质，逐步达到国家绿色食品、有机食品的标准。

2. 推进了绿色农业发展

积极开发农业生产多种功能，生产出绿色有机农产品，并建立大型绿色有机杂粮超市，向市内外提供绿色有机杂粮。

（三）经济效益——以内蒙古敖汉旗为例

小米做"名片"，农民年收入至少七万元。

内蒙古自治区敖汉旗旗长于宝君告诉我们，敖汉旗小米的种植面积接近 $666.7km^2$，在小米产业的整体布局和发展中，重点抓种源，让消费者能够吃上放心的敖汉小米，也会提升品牌影响力，让小米产业真正成为助力乡村振兴、助力脱贫攻坚的主导产业。

最近几年，敖汉小米的市场收购价一直是稳中有升，农民种植的积极性越来越高，敖汉旗新惠镇新地村的村民崔涛，家里 6.7 万 m^2 谷子 2018 年的产量大约有 30000kg，如果按照 2.8 元/kg 的价格卖出去的话，纯收入至少能达到七万元。

村民杨国才 2018 年家里种了 5000 余平方米谷子，每亩[1]产量大约为 350kg，谷子刚刚开始收割，他就听说收购价又涨了。

---

[1] 1 亩 = 666.67m^2。

越来越多的村民看到种谷子、卖小米有利可图，于是纷纷扩大种植面积。与此同时，敖汉小米产业的发展，也吸引了一些外来资金。跟敖汉小米已经打了20年交道的王伟，最早是一名粮食经纪人，走乡串户从村民手里收购小米，再运到外地批发贩卖，渐渐地他发现，敖汉小米市场需求量很大，可要想提高效益，必须进一步提高小米的品质，于是，他萌生了流转土地自己种植的想法。王伟流转了33.3万 m² 耕地，首先进行了科学化的农田改造，摒弃了传统种植方式，坚持搞生态种植。后来，越来越多周边的村民发现，王伟的33.3万 m² 谷子在不施用化肥和农药的情况下，会出现一些病虫害和杂草，可是产量并没有下降，而且收下来的小米颗粒饱满，口感也更好，于是，不少村民找到王伟，希望以后跟着他一起种，就这样，王伟带着这些村民成立了一家专业合作社。

最近几年，随着敖汉小米种植面积逐年增加，名气越来越大，当地一些深加工企业和销售商也开始转变经营思路，着力打造自己的品牌，并且通过电商平台，把敖汉小米卖到了全国各地。

刘僧，从事敖汉小米的加工、销售已经有十多年的时间。2017年，敖汉旗与国内一家电商平台开展合作，推动电商扶贫，一些特色农产品生产和销售企业成为电商平台的签约供应商，刘僧就是其中之一。通过电商平台，刘僧的公司得到了快速发展，他们销售的小米也有了自己的品牌，与之前搞批发销售不同的是，小米的价格也提高了一些，这就使刘僧在收购村民小米的时候，愿意给出更高的收购价，周边的村民也都愿意把自家产的小米卖给他。

第五节　水果品牌——阿克苏苹果

一、产品特点及产地环境

（一）产品特点

阿克苏苹果又称"加丽果"，苹果果核透明（俗称"糖心"）是其区别于其他产地红富士苹果的显著标志。

阿克苏苹果皮薄，果面光滑细腻、色泽光亮、着色度高、蜡质层厚；果肉细腻、甘甜味厚、汁多无渣、口感脆甜；果核透明、果香浓郁、多有糖心；富含维生素 C、纤维素、果胶，营养丰富、耐贮藏，是世界上独一无二的"糖心"红富士苹果。

首先，这种苹果含糖量高达 18%；其次，因阿克苏在天山脚下，海拔较高，用天山冰川雪水灌溉，昼夜温差大，减少了病虫害、霉菌和农药对果面的侵蚀机会；最后，阿克苏苹果采摘时间严格控制在每年的 10 月 25 日之后，使阿克苏苹果的生长期得到充分延长，并在低温状态下采摘，从而促使果糖在果实内聚集，产生糖分自然凝聚在一起，糖分堆积成透明状，犹如蜂蜜的结晶体一般，即糖分凝结形成了"冰糖心"。

阿克苏苹果是新疆维吾尔自治区阿克苏地区特产，是中国国家地理标志产品。阿克苏苹果先后获国家第二届农业博览会铜奖，"新疆农业名牌产品""中华名果"称号及国际林业博览会金奖、银奖以及北京奥运会指定果品。

1992 年，阿克苏苹果获亚太经济合作组织第四届部长级会议荣誉证书。1993 年，阿克苏苹果获国家颁发的绿色食品证书，阿克苏被列入国家绿色食品生产基地。2001 年，阿克苏苹果被评为"新疆农业名牌产品"。2007 年，在北京举办的"2008 北京奥运推荐果品评选"活动上，阿克苏苹果在 11 个国家和地区的 480 多个产地推荐的果品中获苹果类唯一的一等奖，被北京奥组委等 6 个单位联合确定为"2008 北京奥运会指定果品"。2011 年 5 月 12 日，国家质检总局批准对"阿克苏苹果"实施地理标志产品保护。2017 年，"阿克苏冰糖心苹果"获中国"金苹果奖"。

（二）产地环境

阿克苏地处北半球中纬度地带的塔里木盆地西北部，是新疆重要的绿洲带，属暖温带大陆性气候，光热资源丰富，年平均太阳总辐射量 130~141kcal/cm^2，年日照时数 2855~2967h，无霜期长达 205~219h，年均气温 7~8℃。阿克苏位于世界最大内流河——塔里木河腹地，自然降雨稀少，气候干燥，但水资源却很充沛。密布的水系，丰富的水流量，滋养着肥美的阿克苏绿洲，被誉为大漠腹地的"塞外江南"。

阿克苏地区北高南低，受西风带气候影响和西、北两面分别有海拔在 4000m 以上的帕米尔高原和天山阻隔，东面距塔里木盆地向东的缺口 500km 以上，冷空气不易直接入侵；盆地边缘绿洲区为斜坡地形，有效增强了光能利用率，满足了苹果对热量条件的需求；浅山区以及绿洲都是灌溉农业，光、热、水等气候条件更适合种植晚熟和中晚熟苹果品种。

阿克苏苹果栽培历史悠久，生长环境优于日本原产地、中国东部和西北东部苹果产区。主产区位于最适宜苹果种植的塔里木盆地北缘、天山南麓的渭干河流域、阿克苏河流域。产区地形平坦，地貌简单，日照时间长，热量充足，多晴少雨，空气干燥，水源充沛，10℃ 左右的昼夜温差利于果实的着色和糖分的积累。果园通过灌溉调节水分与气候，为阿克苏苹果品质的形成提供了最佳条件。得天独厚的光照资源又为阿克苏苹果品质的提高起到了极佳的辅助作用。苹果采摘时间严格控制在每年的10月25日之后，较长的生长期让阿克苏苹果更多地汲取大自然的天地精华。该地区从10月上旬开始，日最低温度多在-6℃以上，可持续40余天，为果实较长的采收期提供了有效时空，充分保障了果实可耐-6~4℃的低温需求。高海拔的生长环境，低温偏凉的中晚期生长气候，有效地降低了果品生长期病虫害的发生概率。沙性土壤栽培、无污染冰川雪融河流水的浇灌，让阿克苏苹果的果核部分糖分堆积成透明状，形成优秀的独特品质。

二、生产情况

2008年，阿克苏地区苹果种植面积已达到0.16万hm^2，其中红旗坡农场733hm^2、温宿县450hm^2、阿克苏市400hm^2，形成了阿克苏苹果的最佳核心种植区。

2011年，阿克苏地区苹果种植面积达到1.22万hm^2，总产量22.77万t，占全疆栽培总面积的20%，加上兵团栽培面积，阿克苏苹果栽培面积占全疆的40%，阿克苏地区已经成为新疆苹果种植的新优势区。

2014年，阿克苏地区苹果种植面积1.4万hm^2，总产量42万t。

2017年，阿克苏地区苹果种植面积2.9万hm^2，总产量54万t。

2019年，阿克苏地区苹果种植面积33.39hm^2，总产量68.88万t。

三、历史渊源

中国是果品大国，也是果树资源大国，是果树种植起源最早、种类最多的国家之一。西南农业大学园艺系李育农先生在《苹果起源演化的考察研究》一文中认为："中国苹果和西洋苹果皆起源于塞威士苹果（天山的野生苹果种）。西洋苹果起源于中亚的塞威士苹果，但杂有高加索东方苹果和欧洲森林苹果的基因，而中国苹果则是从新疆塞威士苹果的纯系驯化而来的栽培种。"天山支脉的塞威士苹果是经过第四纪冰川多次袭击后的幸存者。

苹果来源于野苹果，而地球上野苹果的集中地是在天山一带。天山横亘欧亚大陆内陆，东至哈密星星峡，西至中亚哈萨克斯坦、吉尔吉斯斯坦境内，东西长约2500km，南北宽约400km。其中，在新疆境内最长，横穿整个新疆中部，将新疆隔开成南疆、北疆两大部分。巨龙一样横卧的天山是野果林的故乡，更是野苹果的故乡。野苹果，作为地质史上第三纪冰期的幸存物种，是经历了动植物大灭绝之后的孑遗生物。天山的野苹果林仍然保留着2000万年前的基因密码，是天山上的"植物活化石"。

苹果的故乡在中国新疆、欧洲、中亚西亚一带。新疆苹果品种很丰富，据调查，本地品种约 200 个，从外地引入栽培的品种前后约 300 种，包括了早、中、晚熟品种。有专家认为，在新疆，苹果的种植史约有 2000 年。

根据历史文献记载，阿克苏苹果的栽培历史至少已有千年以上，而从日本引进的是红富士，经过农艺驯化形成了阿克苏苹果独特的品质。特别是冰糖心红富士苹果，更是融入现代科技的新品种。

四、品牌建设的主要措施

（一）高度重视品牌创建工作

为推进"阿克苏苹果"品牌建设，近年来，阿克苏地区地委、行署将推进林果产业化和农民增收致富，并将其作为重头戏来抓。一是树立品牌发展一盘棋，成立以农办、工商、质监、林业、产业协会等部门为主体的农产品品牌创建领导小组，展开专项研究，推进地区林果品牌发展。二是政策引路，宣传推进，开展各类展会，扩大"阿克苏苹果"品牌社会知名度，成功举办了"阿克苏的苹果红了"网络文化节、新疆农产品交易会等活动；通过政府与企业、农户、产业协会、产业基地+地理商标+销售终端的互联推进，使阿克苏苹果成为地区的一张"城市名片"。三是强化保护，加强阿克苏苹果产业基地建设，规范阿克苏苹果品牌包装，实施阿克苏苹果品牌统一运作，保障阿克苏苹果品质最优。目前，阿克苏被列为"全国苹果产业知名品牌创建示范区"。

（二）坚持标准化生产

阿克苏苹果标准化果园创建已经全面展开。目前地区有苹果标准化示范园 30 个，地区先后制定发布"阿克苏苹果"无公害、绿色标准化管理生产技术规程、"阿克苏苹果"质量标准等 10 余项管理规则，实施了"阿克苏苹果"地理标志商标标识使用管理规则。2011 年按照自治区党委的要求，率先在阿克苏开展了苹果生态健康果园试验、示范推广工作，目前生态健康果园标准化生产管理技术已在苹果主产区全面推广应用。苹果全果实套袋、果园生草与覆盖、高光效树形改造、营养诊断配方施肥、滴灌、昆虫性迷向、性诱剂等生物、物理措施防治病虫等实用技术广泛应用。部分种植大户在建园时借鉴内地高纺锤形、矮砧、密植栽培技术，建立高产、高效现代化苹果示范园，为今后配套早果、高产、优质、高效、省工、省力、省水、省肥、机械化耕作打下坚实基础。

（三）品牌保护意识不断增强

近年来，随着阿克苏苹果品牌效益的凸显，阿克苏苹果被假冒现象日益严重，特别是北京、浙江、江苏等主体市场均有泛滥之势，对阿克苏苹果产业和品牌信誉度等造成了极大的影响。为此，地区各级部门高度重视，积极开展阿克苏苹果品牌保护和专项打假行动。统一规范了阿克苏苹果品牌的包装、标识和二维码，利用二维码的不可仿制性和极高的保密性，让"阿克苏苹果"有自己合法的"身份证"，并以此在各大媒体、展会上加大对阿克苏苹果品牌的宣传力度。同时，组织工商、质检等部门联合企业在销售过程中对假冒伪劣产品进行深度、大面积的打假，以保护阿克苏苹果品牌不受损失，借此提升品牌价值和经济效益。

（四）充分发挥协会组织作用

2013年9月，阿克苏苹果协会成功地进行了协会换届选举工作，制定、修订和进一步完善了协会、果农、经销商的利益分配机制。协会始终遵循产品安全及其他质量技术要求必须符合国家相关规定的宗旨。

（五）加强技术服务

以红旗坡农场为例，红旗坡农场设有园艺生产科，从春季剪枝到冬季灌溉都有技术员指导服务。这几年，"阿克苏苹果"尤其是红旗坡的苹果名气越来越大，农场对苹果的技术管理模式更新越来越快。现在施肥要测土壤配方，土壤缺什么补什么，增加了改良土壤的有机菌肥。修剪果树时有自动伸缩的液压剪，病虫害生物防治有黄板和灭蝇灯，种植大户还购入了德国生产的苹果采摘机。现在全地区种植苹果的乡镇和团场，都有一批管理苹果树的"土专家"，这个群体约有2万人。

（六）拓宽销售渠道，坚持产品高标准

阿克苏苹果声名远播，成为"网红"产品。2018年，阿克苏地区活跃电商卖家超过2400家，年销售额超过8亿元，直接从事电商（含微商）产业人员已超过1.8万人，直接或间接带动3万余人就业，网商创业活跃度居南疆第一位。

阿克苏苹果的品牌效应愈加明显，品牌更显得弥足珍贵。2019年，阿克苏红旗坡好果源农产品股份有限公司为了打响阿克苏好果源区域大品牌，让消费者吃上正宗的"阿克苏苹果"，与较有影响力的客商建立诚信联系，在浙江湖州、河南郑州、江苏南京等地建立区域品牌推广示范区。

阿克苏苹果不仅在国内市场受宠，国外市场也在扩大。近几年，阿克苏地区每年除了有数千吨苹果出口，苹果汁的出口量也在逐年递增。2019年阿克苏恒通果汁有限公司收购了7万t苹果，有两批共3600t果汁通过中欧班列出口到俄罗斯。

五、效益分析

从获批国家地理标志保护产品、国家地理标志证明商标到中国驰名商标，从被确定为"2008北京奥运会指定果品"到进入"2019年度中国最受欢迎的苹果区域公用品牌10强"，从商贩提前上门预订到网上12h热卖850t……阿克苏地区2.26万hm²苹果成了消费者眼里的"网红果""明星果"，成了阿克苏地区果农眼里的"致富果""幸福果"。

2016年阿克苏地区苹果挂果面积达到1.82万hm²，果品产量达到54.2万t，平均亩产值达到7760元，总产值达到16.5亿元。据调查，2016年阿克苏地区红旗坡农场三分场梁寿龙管理的1.93hm² 14年生苹果园，平均每亩产果3.5t，亩产值超过了2万元；红旗坡杜明超的26.7hm² 7年生苹果园，平均每亩产1.7t，亩产值超过了6000元。苹果已成为阿克苏地区农民增收的主渠道。沙吾提·艾尼瓦尔的0.4hm²果园，2019年产了18t苹果，纯收入近6万元，收入是10年前的4倍，靠苹果实现了脱贫致富。

"阿克苏苹果"的品牌效应，不仅带动果农脱贫致富、促进区域经济发展、丰富文化旅游内涵，其影响力还让苹果种植与荒漠绿化工程相结合，果农观念更新，果树管理与农业科技推广及改革创新，让果品销售与精深加工及外贸出口联系得更为密切。

阿克苏苹果品牌与阿克苏荒漠绿化工程、果农脱贫增收互相促进。如今，柯柯牙工程、阿克苏河流域、渭干河流域三个百万亩生态治理工程中的苹果树正给果农带来实惠，第四个百万亩生态治理工程——空台里克百万亩荒漠绿化工程已于2018年启动。春秋两季植树活动中，空台里克区域内阿克苏市喀拉塔勒镇的一些村民种上了生态和经济效益双显的苹果树。

第六节 药食两用物品品牌——长白山人参

长白山人参，指吉林长白山人参。吉林长白山人参为吉林省特产，中国国家地理标志产品；以其形美、质坚硬、形成层明显、气微香、味微苦且甘，被誉为人参珍品；以其"补五脏、安精神、定魂魄、除邪气、止惊悸，明目开心益志，久服轻身延年"的神奇功效,被誉为百草之王、稀世珍宝,民间称人参为长白山三宝之首。

2002年12月25日,国家质检总局批准对"吉林长白山人参"实施原产地域产品保护(国家质检总局公告2002年第130号)。

一、产品特点及产地环境

(一)产品特点

吉林长白山人参分类较为详细,一般来说,有按栽培方式命名的,如野山参、移山参、栽培人参等;有按产地不同而命名的,如吉林人参、石柱人参;有按炮制方法命名的,如红参、白糖参、生晒参等;也有两种情况兼顾的,如高丽红参、吉林野山参、集安新开河人参等。

集安市新开河有限公司生产的新开河人参曾获第三届全国发明展览会金牌奖、国家科学技术进步奖、第十六届日内瓦国际新技术与成果金奖等13个奖项。

吉林省抚松参茸公司出品的长白山红参,1987年在比利时获第36届布鲁塞尔尤里卡世界发明金奖。

吉林省靖宇一参场出品的皇封参,于1987年获农业部科技进步一等奖,1988年获国家发明奖,1989年获第39届布鲁塞尔尤里卡世界发明奖和曼谷国际新技术成果金奖。

(二)产地环境

吉林省长白山区自然条件优越,属北温带大陆性季风气候,四季分明,且开发历史短,人为破坏轻,大部分野生资源仍保持着很好的生态平衡。长白山区由于土壤肥沃,气候条件适宜,所生产的野山参质地饱满、坚实、皮色褐黄、有效成分含量高,为野山参中的极品。

人工种植的人参主要分布在吉林省内长白山区白山、通化、延边、吉林四个地区的14个主产县(市),平均单产3.1kg/m²,最高单产达6kg/m²。

1. 地理特征

吉林省的长白山是欧亚大陆北半部最具有代表性的典型自然综合体,是世界上少有的"物种基因库"和"天然博物馆"。据统计,这里生存着1800多种高等植物,栖息着50种兽类、280多种鸟类、50种鱼类以及1000多种昆虫。长白山是松花江、图们江和鸭绿江的发源地。1980年,长白山保护区加入国际生物圈保护区网,被列为世界自然保留地。长白山最高处海拔2691m,最低点在图们江口处,海拔在5m以下;山区溪流众多,河谷狭窄,山坡陡峭,山脉常与河谷盆地相间分布;山脉多呈东北西南走向,山岭大部分由花岗岩组成;山脉海拔在400~800m,地理环境独特。

2. 气候特点

吉林长白山区四季分明,年极端最高气温曾达到40.6℃,一般积温在2700℃左右。长白山区的大部分地区无霜期短,年平均日照时数在1200h左右,平均降水量为400~950mm,非常适宜人参的生长。

3. 植被特点

吉林省长白山林地有着显著的地形地貌特征,它由长白山熔岩高原山地、敦化熔岩山地等东部山地、低山丘陵、河谷平原等中部丘陵地、松嫩平原、双辽平原三大区系构成。主要森林土壤有山地苔原土、山地生草森林土、暗棕色森林土、黑土、黑钙土、白浆土、沼泽土等15类22个亚类。

吉林省是人参的故乡,长白山森林中阴凉、湿润、肥沃的腐殖质土层和散射的阳光给人参生长提供了得天独厚的条件。长白山区的温度、水分、植被、坡度、土壤等自然条件非常适合人参的生长。

二、生产情况

吉林省人参主要分布于东部地区。吉林省种植人参的方式主要有伐林栽参、林下栽参以及非林栽参三种方式。据统计,吉林省鲜园每年每公顷产量总体在7818~9224.8kg,2009年人参产值达到50亿元左右。园参留存面积约7200hm²,收获面积约3000hm²,产量约2.27万t。林下参(移山参)面积5万hm²,产量10t左右。2010年,人参总产值实现102亿元,比上年增长155%,2020年吉林省人参产业产值更是突破600亿元。

三、历史渊源

人参从远古即被发现,距今已有4000多年的历史。人参起源于古生物第三纪。由于第四纪冰川的到来,使它们分布的区域大大缩小。因此,人参是古老的孑遗植物,稀有名贵,被世界科学界公认的具有特殊功效的名贵药材。

中国人参最早起源的产地,保存下来的只有长白山脉。民间有许多关于吉林长白山人参的传说,古时候民间称人参为"棒槌"。

吉林长白山区人参文化源远流长。古时候文人墨客将人参写进诗里,得以流传。如北宋时期大文学家苏东坡在《次韵正辅同游白水山》诗中称:"首参虞舜款韶石,次谒六祖登南华。""但令凡心一洗濯,神人仙药不我遐。"苏东坡称人参为仙药。苏东坡在《赞参》中又写道:"上党天下脊,辽东真井底,元泉倾海腴,白露洒天醴。"他赞美长白山人参像甜美的露水,像甘醇的美酒,让人神清气爽。此外,民间还有许多关于"棒槌""参女下凡"的传说故事,这些传说已成为吉林省长白山区民间文化的重要组成部分。

人参的药用历史悠久,据考证,在汉元帝时史游的《急就章》中就有记载。人参的栽培历史可追溯到西晋末年,距今已有1600多年。

人参分为野生人参和家种人参。野生人参又称野山参,主要分布在亚洲东部的特定地域,中国、俄罗斯有少量,日本和朝鲜已经绝迹。家种人参又称人工栽培人参,我国主要分布在吉林省、辽宁省和黑龙江省,其中以吉林省最多,其种植面积和产量均占全国的85%以上,占全世界的70%以上。

四、品牌建设的主要措施

吉林长白山人参原产地域范围以吉林省人民政府《关于成立吉林长白山人参原产地域产品保护申报小组的复函》(吉政办函〔2002〕25号)提出的地域范围为准,为抚松县、靖宇县、长白朝鲜族自治县、江源县、通化县、集安市、辉南县、敦化市、安图县、汪清县、珲春市、蛟河市、桦甸市、临江市等14个县(市)现辖行政区域。

(一)领导重视,政策指引

早在1989年,吉林省委、省政府相继出台了《关于调整人参生产、经营的通知》(吉政发〔1989〕53号)、《吉林省人民政府关于人参专营的通知》(吉政发〔1991〕41号)等一系列政策性文件,并于1989年成立了以主管副省长为组长,省直有关部门和人参主产区主管领导为成员的吉林省人参发展领导小组,以及日常办事机构——吉林省参茸办公室,为吉林人参产业的健康发展提供了政策保障和组织保障。

近年来,吉林省委、省政府高度重视人参产业发展,相继出台了《吉林省人民政府关于振兴人参产业的意见》及《吉林省特色资源产业提升计划(2011—2015年)》等多项政策和法规。在《吉林省国民经济和社会发展第十二个五年规划纲要》中,将人参列为大力发展的特色资源产业之一,提出加快实施人参产业振兴工程,打造千亿元产业。

2019年年初,《吉林省人民政府办公厅关于推进人参产业高质量发展的意见》提出,将人参产业打造成吉林振兴发展的战略支柱产业,统筹利用采伐林地种参、林下参、非林地种参三种模式实现可持续发展。

（二）实施人参产业振兴工程

人参产业是吉林省农业的支柱产业。吉林省自2010年开始实施人参产业振兴工程，相继出台了《吉林省人参管理办法》《人参产业条例》，人参产业管理步入法制化管理轨道。2010年发布了《吉林省人民政府关于振兴人参产业的意见》（吉政发〔2010〕19号），计划通过实施人参产业振兴，在全省形成千亿元产值规模，全面提升中国吉林长白山人参国际地位。2010年，政府落实人参专项资金2000万元，用于支持44个项目；2011年，省财政列支专项资金3500万元，重点扶持46个项目。一些投资近亿元的人参精深加工项目也在陆续签约，全省人参产业呈现出持续向好、强劲发展的势头。

（三）推进区域公用品牌建设

1. 强化品牌管理

吉林省成立了"长白山人参"品牌管理委员会，制定了品牌及产品管理实施细则和品牌准入原则，明确了品牌建设实施步骤。截至目前，共有44户企业的152种产品加入"长白山人参"品牌，品牌产品年转化原料5000多吨。吉林省还建立了一批品牌原料生产基地，有25户企业的33块基地通过长白山人参品牌原料生产基地认证，认证面积190万 m^2。2019年，集安市人参种植户6200户，园参留存面积2.6万亩，其中林地人参1.1万亩，非林地人参1.5万亩，林下参15万亩，鲜参年产量约4000t，种植规模及产量约占全省的六分之一，全国的八分之一。

2. 强化品牌运营保护

吉林省申请注册了"长白山人参"证明商标，以及马德里联盟82个缔约国及我国港澳台等10个特定国家和地区的国际商标保护；完成了"长白山人参"品牌由"知名商标""著名商标"到"驰名商标"的认定。

3. 加强宣传推介和文化培育

通过品牌的宣传推介和深入实施品牌战略，目前"长白山人参"品牌价值估价达到190.48亿元。"长白山人参"品牌先后被认定为长春市"知名商标"、吉林省"著名商标"和中国"驰名商标"。在中国地理标志产品展上，品牌获"中国商标金奖"提名。

（四）提升人参生产的科技含量

在推动产业技术进步方面，提出大力推广人参安全优质生产、良种使用、测土栽参和生物产业等先进适用技术，尽快提升人参产品科技含量。近年来，吉林省开发了吉参1号、宝泉1号等5个人参新品种。目前集安、理春、抚松、敦化等地先后开展了测土栽参土壤检测工作。2010年底，全省测土栽参面积已经达到200万 m^2。2011年又在14个地理标志产品保护县（市）全面推广，计划面积达到2000万 m^2。

（五）实施标准化生产

吉林省政府启动人参产业振兴工程以来，将大力推进标准化生产作为从源头上提升人参产业竞争力的措施，确定了5种模式、20个人参生产基地，严格按照绿色和有机食品标准组织生产，从源头上确保人参质量安全。目前已经有靖宇同仁堂92 hm^2、长白参隆集团148 hm^2、集安康美新开河200 hm^2、抚松宏久参业有限公司150 hm^2，4个基地合计面积590 hm^2 人参通过中药材生产质量管理规范（GAP）认证，占全省种植面积的8.2%。吉林省农业委员会还组织抚松人参协会和抚松县传奇生态参业有限公司两家单位通过了有机人参基地认证，认证面积达600 hm^2。

五、效益分析

人参是吉林省出口创汇的拳头产品，在全省农产品出口中，人参仅次于玉米，居第二位。

人参产业是吉林省的特色资源产业和战略性新兴产业。吉林省人参产业的发展对我国医药、保健、食品等行业的发展具有重要影响。

我国人参出口国家和地区较多，达到44个。出口市场主要集中在日本、东南亚和欧美等国家和地区。亚洲是我国人参出口最大的传统市场，占人参出口总量的80%左右。2019年，出口日本的人参共计1091.97t，占2019年总出口量的30.51%，位列第一。

2019年，吉林省人参出口量539.50t，占2019年总出口量的15.07%。人参产业是吉林省一张最靓丽的名片。目前"长白山人参"品牌产品生产企业已达到44户，品牌产品152种，年转化原料人参5000多吨，品牌价值估价达到190.48亿元。

2019年吉林省政府出台《关于推进人参产业高质量发展的意见》，到2020年，参业产值力争突破800亿元，统筹利用采伐林地种参、林下参、非林地种参三种模式，实现可持续发展；到2025年，参业产值力争实现1200亿元，人参标准化种植面积占比80%以上，"长白山人参"品牌产品产值达到600亿元以上。

第七节　肉类品牌——苏尼特羊肉

苏尼特羊肉专指在内蒙古自治区苏尼特左旗和苏尼特右旗特定环境下饲养的特定品种"苏尼特羊"，使用特定工艺加工而成的羊肉。2007年12月28日，"苏尼特羊肉"经国家质检总局审核认定为地理标志产品；2014年，"苏尼特羊"被农业部列入修订后的《国家级畜禽遗传资源保护名录》；2019年12月17日，"苏尼特羊肉"入选2019年第四批全国名特优新农产品名录。

一、产品特点及产地环境

（一）产品特点

1. 品质特点

苏尼特羊是在内蒙古自治区锡林郭勒盟北部苏尼特草原上，经过长期选育逐渐形成的蒙古绵羊系统的一个优良品种，抗寒能力强，宜粗放，肉质优，味道嫩鲜。苏尼特左旗饲养的苏尼特绵羊头轻，耳下垂，鼻梁隆起，颈部短粗，胸背宽深，肋骨开阔良好，胸深接近体高的二分之一，背腰平宽，十字部略高于鬐甲，尻部稍倾，脂尾肥大，尾长略大于尾宽，脂尾小，呈纵椭圆形，中部无纵沟。头颈多呈黑色、黄色或褐色，体腿白色。其特点是适应性强，繁殖性能好，生长发育快，产毛量低，产肉量高，瘦肉多，板皮厚实。

苏尼特羊肉号称"肉中人参"，具有"鲜嫩多汁，无膻味，肉层厚实紧凑，高蛋白，低脂肪，瘦肉率高，肌间脂肪分布均匀，富含人体所需多种氨基酸和脂肪酸，容易消化"等很多优点，曾是元、明、清朝皇宫贡品，深受国内外广大消费者的好评和热烈欢迎。

据专家测定，苏尼特羊肉粗蛋白含量平均为19.15%，高于一般杂种羊（细毛杂种一代羊，粗蛋白含量17.39%）；显著高于小尾寒羊（粗蛋白含量17.06%）和乌珠穆沁羊（粗蛋白含量18.06%）；粗脂肪含量低，平均3.14%，脂肪碘含量低，平均27.96%；脂肪酸的不饱和程度低，脂肪品质好。肌肉的6种主要脂肪酸，即豆蔻酸、软脂酸、硬脂酸、油酸、亚油酸和亚麻酸的累计组成占肌肉总脂肪酸含量的93.2%~96.93%，其中油酸和硬脂酸含量最高，分别为48.07%和17.04%。苏尼特羊肉的营养成分非常丰富，氨基酸含量高,种类齐全,人体所需要的主要几种氨基酸含量均高于其他品种的羊肉。苏尼特羊肉中还含有多种矿物质和维生素,尤其器官组织中的矿物质和维生素含量较高。

2. 品种分布

苏尼特羊属蒙古绵羊系统中的一个类群,在苏尼特草原特定生态环境中,经过长期的自然选择和人工选择而形成,分布在内蒙古中部草原。内蒙古自治区苏尼特左旗、苏尼特右旗、四子王旗、包头市达茂联合旗和巴彦淖尔市乌拉特中旗等地均有分布。

苏尼特羊肉地理标志产品保护范围以内蒙古自治区锡林郭勒盟行政公署《关于确认"苏尼特羊肉"地理标志产品保护范围的函》(锡署字〔2007〕34号)提出的范围为准,为内蒙古自治区苏尼特左旗和苏尼特右旗现辖行政区域。

(二) 产地环境

苏尼特草原地处蒙古高原中北部,位于中国四大天然牧场之一的锡林郭勒大草原西北部。北与蒙古国接壤,西与举世瞩目的"神舟"载人飞船着陆地——四子王旗草原毗邻,辖苏尼特左旗和苏尼特右旗两个县区,为古代少数民族游牧地。元朝开始施行行省制度,始建行政区划,启用蒙古地名,为皇室直属部,是闻名遐迩的纯天然牧场。

苏尼特草原总面积5.9万 km^2,地理位置为东经111°08′~114°16′,北纬41°55′~43°39′,属干旱性大陆性气候,年平均气温4.3℃,最高气温38.7℃,最低气温-38.8℃,无霜期130d;年降水量平均为170~190mm,蒸发量平均为2384mm。苏尼特左旗通常称东苏旗,96.7%的面积为草原,其余为丘陵、沙地和湖盆低地,湖泊数十个,大小清泉举目皆是。广袤富饶的苏尼特草原是闻名遐迩的纯天然牧场,草原上分布的野生植物达200余种,如野韭菜等都是羊群最好的食物,而沙葱中富含多种微量元素,能够最大程度地分解羊身上的腥味和膻味,所以产自苏尼特草原上的羊肉色泽鲜艳、肉层厚实,品质极好,闻名国内外的苏尼特羊是该旗的主要畜种。

二、生产情况

(一) 羊源

(1) 在苏尼特草原独特的气候、自然条件下,在纯天然、无污染的环境中自然放牧、自然选育的耐寒、耐粗饲、宜牧、小脂尾型、肉质优良的苏尼特绵羊品种。

(2) 经过初生、断乳、周岁3个年龄段的鉴定,选留的特级和一级的6月以上羔羊

（体重 40kg 以上）、成年羯羊（体重 65~80kg）和母羊（体重 50kg 以上）。

（3）苏尼特羊体格大，体质结实，结构匀称，公、母羊均无角，鼻梁隆起，耳大下垂，眼大明亮，颈部粗短，大腿肌肉丰满，四肢强壮有力。脂尾小呈纵椭圆形，中部无纵沟，尾端细而尖且一侧弯曲。被毛为异质毛，毛色洁白，头颈部、腕关节和飞节以下、脐带周围有有色毛。

（二）饲养管理

1. 饲养条件棚环境

饲养环境的防治与控制必须执行国家相关规定。以天然放牧为主，草场植被无污染、纯天然；气候特点是冬季寒冷漫长、春季干旱多风、夏季短促炎热、秋季气温剧降霜冻早；草场类型主要为荒漠草原和干草原；植物类型有沙葱、多根葱、小型针茅草等。

2. 防疫措施

疫情疫病的防治与控制必须执行国家相关规定。适时进行常规疫苗注射，除实行早春驱虫和夏秋两次药浴以外，不使用其他任何抗菌剂及其它药剂。

（三）质量特色

1. 感官特征

苏尼特羊肉具有香味浓郁、鲜嫩多汁、无膻味、肥而不腻、色泽鲜美、肉层厚实紧凑的特点。

2. 理化指标

苏尼特羊肉主要理化指标为 pH≥6.46，蛋白质含量≥19.59%，脂肪含量≥3.14%。

3. 产品质量控制

苏尼特羊的生产、销售必须遵循《中华人民共和国农产品质量安全法》《中华人民共和国动物防疫法》等相关法律法规。

4. 包装标识

包装标识应符合国家相关规定。

三、历史渊源

苏尼特羊始于明代，距今至少有 600 年的历史。在明代就有苏尼特封建领主沿"张库商道"向朝廷进贡苏尼特羊的记载——开苏尼特羊肉专供宫廷御用的先例也就是在这个时候。

苏尼特羊作为国家和地方优良品种，有其悠久的发展历程。1986年该羊被锡林郭勒盟技术监督局批准为地方良种，1997年被内蒙古自治区人民政府命名为"苏尼特羊"。2007年，苏尼特羊肉被国家质量监督检验检疫总局列为国家地理标志保护产品，成为内蒙古自治区也是我国同类产品中首个地理标志保护产品。2010年，苏尼特羊被列入国家优良畜种名录和国家畜禽遗传资源志。2011年，在北京召开的地理标志产品保护与发展经验交流会上，苏尼特羊肉被评为全国300个最具综合价值地理标志产品之一。2014年，苏尼特羊再次被农业部列入修订后的《国家级畜禽遗传资源保护名录》。

为充分挖掘该区域得天独厚的资源优势，打造"苏尼特羊"这一知名品牌，不断提升品牌化效益，加快苏尼特羊产业化进程，促进牧民增收，苏尼特左旗开展了一系列苏尼特羊品牌建设工作。苏尼特右旗旗委、政府也高度重视品牌建设，积极提供和创造发展平台，先后投入大量资金用于良种补贴，扩大苏尼特羊养殖规模；连续四年举办以苏尼特羊为重点的"良种畜评比活动"，进一步提升了苏尼特羊在市场上的知名度，并广泛带动牧民开展苏尼特羊选育提高工作的积极性。2010年，苏尼特右旗进一步完善了《苏尼特右旗种公羊管理办法》，实行"合作社所有、专业户饲养、牧户有偿使用、独立核算"的管理模式，全旗36个重点养殖苏尼特羊嘎查种公羊全部实现了集中管理。整合各类项目资金投入150万元，重点加强苏尼特羊良种场的基础设施建设，有效增强了种羊场生产种畜能力。同时，对还没有解决牲畜饮水问题的管理点，安排一部分水源井建设项目。建立了"企业+合作社+牧户"的发展模式，为苏尼特羊选育工作提供可借鉴的经验。为了实现区域化布局、规模化养殖、集约化经营、专业化分工、标准化生产、社会化服务、产业化发展的建设目标，发展高效生态避灾型畜牧业。

2014年年底，苏尼特左旗牧区养羊牧户共有5672户，合作社共117个。加入合作社的牧户有1674户，占总户数的29.51%。苏尼特右旗从事养羊牧户共10464户，其中牧区8829户共21032人，农区16%户共4854人，合作社221家，注册资金22607.25万元，从业人数3326人（工商局登记没有按户登记）。参与到合作社的人员占养殖户总人数的12.72%。

四、品牌建设的主要措施

苏尼特羊是在半荒漠草原特定的生态环境下，经过长期的自然选择和人工选择精心培育形成的地方良种。改革开放以后，党和政府高度重视苏尼特羊的原品种认定和提纯复壮工作，苏尼特左旗、苏尼特右旗与内蒙古农业大学等科研院校联合，从20世纪80年代开始，苏尼特羊品种认定和选育提升工作进一步推进。经过对其进行详细的调查考证，到1985年，苏尼特羊以新品种类群先后被编入《锡林郭勒盟家畜品种志》和《内蒙古家畜家禽品种志》中。1995年，内蒙古自治区技术监督局颁发了苏尼特羊地方标准。1997年，苏尼特左旗地方政府开始筹建苏尼特羊原种场，为苏尼特羊的进一步提纯复壮奠定了扎实基础。从2003年开始，锡林郭勒盟政府部门着手开展苏尼特羊肉地理标志产品保护申报工作，2007年苏尼特羊肉被列为国家地理标志保护产品，成为中国同类产品中首个地理标志保护产品，从而使苏尼特羊的知名度进一步得到提高。2010年苏尼特羊又顺利通过农业部专家组实地验收和国家畜禽遗传资源委员会的审定，被正式列入全国优良畜种名录，其价值和影响力得到了广泛的传播和延伸，并以其品质放心、绿色无污染的美名享誉国内外。2011年，内蒙古的苏尼特羊肉上榜"最具综合价值地理标志产品名单"。

以下以苏尼特左旗为例介绍苏尼特羊肉品牌建设的主要措施。

（一）品牌建设的具体工作方法

1. 从源头抓起，选好种公羊

抓好苏尼特羊选育提高工作，关键在抓好种公羊，而选留后备种公羊工作是保持种公羊质量水平和梯队建设的最基础性工作。为了进一步提高种公羊生产性能，保证种公羊的质量，苏尼特左旗地方政府制定了种公羊年检制度和种公羊布鲁氏菌病检测制度，组织技术人员在种公羊非配种季节，集中种公羊后统一开展种公羊鉴定和疫病检测工作，将不合格的种公羊坚决限期淘汰出栏。此外，集中管理实现效益，坚持将苏尼特种公羊集中管理作为苏尼特羊选育提高的重点来抓，统一采取嘎查集体所有、牧户所有、合作社所有、原种场所有四种所有制集中管理模式，实现种公羊集中管理。

2. 建设养殖与加工标准化示范区

2016年苏尼特左旗以国家开展第九批农业综合标准化示范项目为契机，申报了"国家苏尼特羊养殖与加工标准化示范区"项目，2017年上半年获得国家标准化管理委员会正式批准。该项目建设时间为2017—2019年。项目以牧户、专业合作社以及生产加工、畜牧服务、溯源技术等企业作为标准制定和实施主体，通过构建苏尼特羊育种、养殖、加工、仓储、销售、追溯全产业链标准体系并推广实施，逐步改变当地企业和牧民群众传统牧业生产观念和思想意识，提高示范区畜牧业的质量、管理水平和经济、社会、生态效益。

3. 充分发挥典型带动作用

在每年召开的牧区工作会议上,及时表彰奖励种公羊集中管理典型示范嘎查,充分发挥典型引导作用。积极组织全旗嘎查领导和牧民到盟内其他旗、县参观学习集中管理先进经验,进一步提高对种公羊集中管理的认识程度和管理水平。从 2014 年开始,要求每个专业化嘎查在原有基础上确定专门的种公畜草场,确定种畜管理牧户并实施专业化集中管理,嘎查牧民群众每年对种公羊经营集中管理和牧户管理情况进行民主评议,确保与种畜管理户签订合同,明确管护责任以及出现丢失、死亡问题的赔偿要求,最大程度地避免种公羊群因经营管理不善而造成损失。

4. 强抓专业户建设

进一步加强生产专业户的规范化管理,全旗已建立种公羊生产专业户 170 户,对基础母羊全面进行整群,并对整群后的母羊进行登记。建立完善、规范的专业户档案,并颁发《种公羊专业户》证书。每年由畜牧工作站与苏木镇农牧业服务中心技术员组成小组逐户选留后备种公羊两次,并加强对专业户的技术指导和技术服务工作,切实提高种公羊生产专业户生产的种公羊质量。

5. 通过肉羊良种补贴,鼓励养殖户

为加快肉羊良种化进程,促进牧民增收,鼓励养殖户充分利用优秀种公羊,不断提高肉羊的生产性能和养殖效益。

(二)专业化养殖,走产业化道路

近年来,为提高苏尼特羊的群体质量和效益,利用现代肉羊项目等各类项目资金,严格按照苏尼特羊专业化养殖嘎查的标准,切实加大苏尼特羊专业化嘎查建设力度,苏尼特左旗已全部达到专业化养殖标准,走上了产业化道路。从 2010 年开始,管理部门对专业化嘎查的母羊开展鉴定工作,对不合格的母羊进行有计划的淘汰更新。

1. 畜群建设标准化

为提高苏尼特羊的群体质量和效益,切实加大标准化畜群建设力度,进一步加强标准化畜群档案管理,逐户建档立卡,颁发了《苏尼特羊标准化畜群》牌匾,至 2016 年已全部实现畜群标准化。

2. 饲养管理科学化

为确保苏尼特羊饲养管理的科学性,将广大牧民的生产经验同现代饲养管理技术有效

结合，在搜集整理冬、春两季饲养管理技术的基础上，制定完善苏尼特羊四季饲养管理方式。在确保饲料质量的前提下，对苏尼特羊的生产性能及肉质营养等方面进行分析，按照"缺什么营养就补什么营养物质"的原则，研究制定合理的饲草料营养搭配方案，扩大饲料使用范围，为苏尼特羊的繁育和确保肉品质量提供基本条件。加大饲料监管力度，实行定期或不定期市场检查，杜绝假冒、变质变味、疫区饲草流入市场。

3. 牧民生产组织化

大力发展专业大户、生态家庭牧场、牧民专业合作社等规模经营主体，提高集约化、组织化水平，提高抵御市场风险的能力。按照《内蒙古生态家庭牧场建设标准（试行）》和《苏尼特左旗现代草原畜牧业示范生态家庭牧场建设活动实施方案》，以草原生态保护为前提，以家庭经营为基础，组织开展现代草原畜牧业示范生态家庭牧场创建活动，推进规模化养殖、标准化生产、集约化经营，实现畜牧业生产与草原生态建设"双赢"目标。至2013年，苏尼特左旗建设现代草原畜牧业示范生态家庭牧场107个，其中，规模户自建型生态家庭牧场52个，涉及52户；联户型生态家庭牧场47个，涉及148户；合作社型生态家庭牧场8个，涉及85户。共组建各类牧民合作社57个，其中合作社48家、协会9家。通过草场向合作社流转、牲畜给合作社入股等方式，实现了资源整合、规模生产、统一经营的畜牧业生产新机制，解决了分散经营下小牧户与大市场无法对接、资源利用效率不高的问题。

4. 实现销售品牌化

依托苏尼特羊天然、绿色、无污染的优势，努力做强"苏尼特"品牌，保护利用好"苏尼特羊肉"原产地优势。加大品牌建设和外宣力度，抓紧建立苏尼特羊肉质量标准和原产地管理办法，完成苏尼特羊肉质量标准的修订工作，保护地方畜产品品牌，推动优质畜产品实现优价。

5. 饲养技术现代化

积极转变传统畜牧业观念，引导牧民通过接冬羔、早春羔和短期育肥增加收入，大力推行早期断奶、母仔分群、放牧加补饲、短期育肥饲养技术，实现牧户"小规模补饲育肥，大群体统一出栏"模式。

（三）政府引导，市场培育

1. 改善基础设施，提高生产能力

依托财政"一事一议"、农业综合开发等项目，整合各类涉牧项目资金，切实加强棚圈、围栏、水利、饲草料种植等基础设施建设,并建设棚圈、饲草料基地。在苏尼特左旗旗内人畜饮水困难区域设立送水服务队,全部配备车辆和相应设备,解决饮水困难问题。

2. 注重培育市场,提升畜产品精深加工水平

引进和培育龙头企业,巩固壮大畜产品生产加工产业,扶持引进企业做大做强,支持本土企业提档升级,推进苏尼特羊肉精深加工产业园区建设,提高牛羊肉高端产品和熟制品的研发能力,提升畜产品精深加工水平和市场占有份额,有效增加肉产业附加值,推动畜产品进入高端市场,食品加工实现由粗加工向精深加工转变。

3. 健全疫病防控体系,确保食品安全

按照《全旗全面建设畜群疫病防治体系的指导性意见》要求,根据全旗畜间布病疫情、流行趋势、专业化嘎查区域划分等情况,把全旗苏木镇、嘎查由北向南分为北部保护区、中部防治区、南部强控区3个区,并分别制定防控措施。为每个嘎查配备2名防疫员,严格执行畜产品、兽药、饲料的抽检制度,切实加大经营、运输、屠宰加工、流通等环节的监管力度,加强动物疫情测报网络和动物疫情物资储备库建设,全面提升重大动物疫病综合防控能力,确保牲畜免疫覆盖率达到100%。

4. 推动畜牧业保险项目开展,对保费进行补贴

为提高畜牧业抵御风险的能力,保障肉羊产业健康发展,锡林郭勒盟出台了《锡林郭勒盟肉羊政策性保险保费补贴试点工作实施方案》。这是锡林郭勒盟坚持"政府引导、政策支持、市场运作、自主自愿、协同推进"的基本原则,启动肉羊保险保费补贴试点,实现肉羊政策性保险全覆盖,切实保障锡林郭勒盟畜牧业稳定发展和农牧民持续增收,有效降低肉羊养殖业风险,着力提高畜牧业保险保障能力的重要举措。

五、效益分析

从2003年锡林郭勒盟政府部门着手开展苏尼特羊肉地理标志产品保护申报工作至今,苏尼特羊的出栏数量近乎翻了一倍,羊肉产量翻了一倍多。随着经济水平的提高,人们对羊肉的需求量及品质的追求日益增大,苏尼特羊肉的价格也由2011年的46元/kg,增长至2019年的100元/kg。2018年,苏尼特左旗政府旗长那仁满达接受记者专访时表示,与以往进行的苏尼特羊肉品牌建设所不同的是,此番启用的品牌建设(区域公用品牌建设),政府将会把牧民、产业集群、市场前端紧紧连接在一起。"苏尼特羊肉每千克售价200元是可能的,未来牧民的收入将会大幅提高。"

第八节　茶叶品牌——西湖龙井

西湖龙井是绿茶，为我国十大名茶之一，产于浙江省杭州市西湖龙井村周围群山，并因此得名，具有1200多年历史。清朝乾隆游览杭州西湖时，盛赞西湖龙井茶，将狮峰山下胡公庙前的十八棵茶树封为"御茶"。西湖龙井茶与西湖一样，是人、自然、文化三者的完美结合，是西湖地域文化的重要载体。

一、产品特点及产地环境

（一）产品特点

1. 品质特征

西湖龙井茶，外形扁平挺秀，色泽绿翠，内质清香味醇，泡在杯中，芽叶色绿，素以"色绿、香郁、味甘、形美"四绝著称。

春茶中的特级西湖龙井外形扁平光滑，苗锋尖削，芽长于叶，色泽嫩绿，体表无茸毛；汤色嫩绿（黄）明亮，清香或嫩栗香，但有部分茶带高火香，滋味清爽或浓醇；叶底嫩绿，尚完整。其余各级龙井茶随着级别的下降，外形色泽由嫩绿至青绿再至墨绿，茶身由小到大，茶条由光滑至粗糙；香味由嫩爽转向浓粗，四级茶开始有粗味；叶底由嫩芽转向对夹叶，色泽由嫩黄至青绿再至黄褐。夏秋龙井茶色泽暗绿或深绿，茶身较大，体表无茸毛，汤色黄亮，有清香但较粗糙，滋味浓略涩，叶底黄亮，总体品质比同级春茶差。

2. 主要品类

西湖龙井中有几个有名的品类包括"狮峰龙井""梅坞龙井""云栖龙井""虎跑龙井"等。"狮峰龙井"产于龙井村狮子峰、翁家山一带，其色泽略黄，素称"糙米色"。"梅坞龙井"产于云栖、梅家坞一带，其外形挺秀、扁平光滑、色泽翠绿。西湖龙井茶的品牌达30多个。

3. 产区分级

西湖龙井分一级产区和二级产区，一级产区包括传统的"狮（峰）、龙（井）、云（栖）、虎（跑）、梅（家坞）"五大核心产区，二级产区是除了一级产区外西湖区其他的龙井产区。"狮"字号为龙井狮峰一带所产,"龙"字号为龙井、翁家山一带所产,"云"字号为云栖、五云山一带所产,"虎"字号为虎跑一带所产,"梅"字号为梅家坞一带所产。

4. 产品荣誉

自 2010 年以来,"西湖龙井"已经连续四年在全国茶叶类区域公用品牌价值评估中排名第一。

2011 年 6 月 28 日,"西湖龙井"国家地理标志证明商标注册成功。

2012 年,"西湖龙井"获得"2011 消费者最喜爱的中国农产品区域公用品牌"。同年 6 月,"西湖龙井"在北京举行的"2012 中国农业品牌发展推进会"上,又被评为"2011 最具影响力中国农产品区域公用品牌"。

2012 年,"西湖龙井"获得了中国驰名商标,同时被评为浙江区域名牌。

(二) 产地环境

西湖龙井产于浙江杭州西湖的狮峰、翁家山、虎跑、梅家坞、云栖、灵隐一带的群山之中。这里气候温和,雨量充沛,光照充足;土壤微酸,土层深厚,排水性好;林木茂盛,溪涧常流;年平均气温 16℃,年降水量在 1500mm 左右。优越的自然条件,有利于茶树的生长发育,茶芽不停萌发,采摘时间长,全年可采 30 批次左右,几乎是茶叶中采摘次数最多的。

二、生产情况

杭州市城西一带,东起茅家埠、虎跑,西到龙门坎、杨府庙和何家村,南起浮山、社井,北至老东岳、金鱼井,相关部门将这个区域划定为"西湖龙井"茶基地,并且规定对产"西湖龙井"茶的基地分级开展保护。"西湖龙井"茶基地的一级保护区区域为:杭州城西南到梵村,北到新玉泉,东到南山村,西到灵隐、梅家坞一带。其余的"西湖龙井"茶基地为二级保护区。共计 168km² 的区域,涉及茶地总面积约 13.92km²,其中一级保护区 4.59km²,二级保护区 9.33km²,通过无公害基地认证面积 7.84km²,绿色食品认证面积 73.37 万 m²,有机认证面积 6.67 万 m²,《良好农业规范》(GAP)认证面积 6.67 万 m²,茶叶总产量保持在 800t 左右。

三、历史渊源

西湖龙井茶历史悠久,最早可追溯到中国唐代。著名的茶圣陆羽在其所撰写的世界上

第一部茶叶专著《茶经》中,就有杭州天竺、灵隐二寺产茶的记载。西湖龙井茶之名始于宋,闻于元,扬于明,盛于清。在这一千多年的历史演变过程中,西湖龙井茶从无名到有名,从老百姓饭后的家常饮品到帝王将相的贡品,从中国走向世界,开始了它的辉煌时期。

早在北宋时期,龙井茶区已初步形成规模,当时灵隐山下天竺香林洞的"香林茶"、上天竺白云峰产的"白云茶"和葛岭宝云山产的"宝云茶"已被列为贡品。北宋高僧辩才法师归隐此地,也是当年与苏东坡等文豪在龙井狮峰山脚下寿圣寺品茗吟诗之处,苏东坡有"白云峰下两旗新,腻绿长鲜谷雨春"之句赞美龙井茶,并手书"老龙井"等匾额,至今尚于存十八棵御茶园中狮峰山脚的悬岩上。

元代,龙井茶的品质得到进一步提升。龙井村附近所产之茶崭露头角,有茶人虞伯生始作《游龙井》饮茶诗,诗中曰:"徘徊龙井上,云气起晴画。澄公爱客至,取水挹幽窦。坐我詹卜中,余香不闻嗅。但见瓢中清,翠影落碧岫。烹煎黄金芽,不取谷雨后,同来二三子,三咽不忍漱。"可见当时僧人居士看中龙井一带风光幽静,又有好泉好茶,故结伴前来饮茶赏景。

明代,西湖龙井茶崭露头角,名声逐渐远播,开始走出寺院,为平常百姓所饮用。明嘉靖年间的《浙江匾志》记载:"杭郡诸茶,总不及龙井之产,而雨前细芽,取其一旗一枪,尤为珍品,所产不多,宜其矜贵也。"明万历年间的《杭州府志》有"老龙井,其地产茶,为两山绝品"之说,《钱塘县志》又记载"茶出龙井者,作豆花香,色清味甘,与他山异。"明代黄一正收录的《名茶录》及江南才子徐文长辑录的《全国名茶》中,都有西湖龙井茶。

民国期间,著名的西湖龙井茶已成为中国名茶之首。

中华人民共和国成立后,国家积极扶持龙井茶的发展,龙井茶被列为国家外交礼品茶。茶区人民在政府的关怀下,改旧式柴锅为电锅,选育新的龙井茶优良品种,推广先进栽培采制技术,建立龙井茶分级质量标准,使龙井茶生产走上了科学规范的发展道路。

四、品牌建设的主要措施

(一)出台法律,"西湖龙井"成为我国第一个有立法保障的农产品

为了让茶山常翠,让茶香长醇,让延绵的茶文化永葆青春,2001年7月,杭州市第九届人民代表大会常务委员会颁布了《杭州市西湖龙井茶基地保护条例》(以下简称《条

例》)。《条例》分别就"西湖龙井"茶生产基地、后备生产基地、基地保护、管理作了明确的规定,对规范龙井茶生产经营秩序、保证龙井茶质量和特色,对稳定"西湖龙井"茶基地面积、加强"西湖龙井"茶基地的保护和管理,均提供了法律依据。

2001年,国家质检总局批准了《浙江省人民政府办公厅关于龙井茶原产地实行产区管理的复函》。国家在2001年出台的《西湖龙井茶原产地域保护管理办法》对龙井茶的定义、原产地域的范围、龙井茶的命名、原产地域产品标志、茶园证书、生产销售管理作了详细的规定,将浙江省内的龙井茶地域划分为西湖、钱塘、越州三大产区,明确区分"西湖龙井"与"浙江龙井"。三大产区除西湖产区以外,钱塘产区的范围是萧山和余杭。

(二)出台配套管理办法,全程可追溯

西湖区政府出台《统一西湖龙井标识包装试行办法》《西湖龙井证明商标使用申请试行办法》等配套管理办法,指导规范西湖龙井证明商标的包装装潢,已确定并对外公布了西湖龙井茶的专用包装,并对包装印制企业进行备案登记。试点企业必须先签订承诺书,接受茶叶验收后,再进行统一包装并加贴防伪标识。通过标识中的唯一序列号,可在防伪系统中追溯掌握西湖龙井茶叶从生产到销售的全程信息。

(三)利用信息化手段实现溯源到户

从2013年开始实行"西湖龙井"茶产地IC卡管理,每户茶农拥有一张产地IC卡,IC卡的信息包括茶园面积及茶叶产量。如茶农自行销售茶叶,就用卡内的茶叶数量到所在合作社或者茶叶包装中心去换购茶叶的包装和标识,这样茶叶的包装和标识就可以溯源到产茶的每户茶农;假设企业收购了茶叶,那就把IC卡内的茶叶数量划入企业的数量内,保证了企业茶叶包装数量与茶叶收购量的一致性,同时茶叶的包装和标识能溯源到每个企业。

(四)开发相应的电子管理系统及软件,形成协作体系

建立"西湖龙井"地理标志证明商标的电子管理系统,开发系统的专用软件,需要申请证明商标使用权的茶农需以社员身份到当地合作社定量换购茶叶的包装和标识,每个合作社里都配备专用的管理计算机,实行网络联网管理。该电子管理系统已建成使用,2013年10月选点试行,2014年年底前全面完成了此项工作。同时,据此开展对企业、茶农的信誉评定,形成政府、茶村、茶企业、茶农共建共管的协作体系。

五、效益分析

"西湖龙井"品牌价值连续四年位居全国茶叶类区域公用品牌榜首,为浙江省农产品品牌价值最高者。品牌知名度和价值的不断提升,促进了西湖龙井茶基地种植面积和产量的增长。

西湖区大力发展茶产业,积极保护茶品牌,有效地促进了茶农增收。据相关研究部门评估,西湖龙井茶以67.40亿元位列2019年中国茶叶区域公用品牌价值评估榜第一名。截至2019年,西湖区有茶农上万户、茶叶企业(专业合作社)119家(含名胜区)、茶叶专业批发市场1家、杭州市政府授权的西湖龙井茶专卖店35家。2019年,茶叶总产量436.65t,第一产业产值1.8亿元。总产值约占全区农业总产值的20%,茶叶在农业经济和农民收入中占有重要地位。2020年,受倒春寒等影响,尽管春茶产量同比减少4.3%,但平均售价同比增长55.1%,产值同比增长48.6%。

"西湖龙井"区域公用品牌的知名度带动了杭州市西湖区转塘、双浦一带茶产业链的整体发展,茶叶种植稳定,机器炒制和手工炒制技艺分庭抗礼,茶叶包装日益精进,茶叶销售收入连年上升,以茶园、茶叶为基础的农家乐休闲点收入不断增加,进而带动了西湖区休闲观光产业发展。

西湖龙井的区域公用品牌发展还带动了西湖区另一区域公用品牌红茶"九曲红梅"的发展。浙江省十大名茶中唯一的红茶"九曲红梅"虽然历史悠久,但是不为人知,杭州市西湖区在做强做精"西湖龙井"茶产业的基础上,建设九曲红梅茶品牌,推进茶产业的可持续化发展。

第七章

农产品品牌管理的战略

第一节 农产品品牌管理的战略意义

一、有利于农业产业化的提高

第一，农产品品牌管理是企业经营的必然选择。农产品加工企业是农业产业化的"脊柱"，农业产业化的动力就来自企业，而农产品加工企业要想成为龙头企业，品牌就是其通行证。因此，必须实施品牌管理、企业化管理和市场化运作。首先，企业必须创建自己的品牌，并将品牌塑造成名牌，产品才能成为消费者的首选，才能有稳定的市场，并逐步扩大市场占有率。其次，实施农产品品牌管理就是要以质量为核心，按照品牌化要求组织生产、优化品种、提高质量、精深加工、精美包装，从而树立品牌形象。最后，农产品品牌管理重视经营效益，品牌的价值在于它可以稳定商品的市场价格，并能创造新的价值。实行品牌管理可以使企业的经济效益稳步上升，资产不断升值。

第二，实施农产品品牌管理可以整合农村地区的资源优势，形成专业化生产和规模化布局的农业产业化生产基地。农产品品牌的创建一般受自然条件影响较大。气候、土壤、水等自然资源因素形成了农产品的地域品种优势，企业可以利用地域品种的资源优势，发展农产品加工业，建立与当地农户之间的经济联系机制，建设生产基地，形成"企业+农户"的经营模式，给予农户技术和经济支持，实施专业化生产和规模化管理，从而创建自己的品牌。

第三，实施农产品品牌管理可以促使龙头企业不断创新，推动农业产业结构不断升级。农产品品牌管理以科技为支撑，以整合区域资源为基础，在品牌的制定、实施、修订、再实施、再修订过程中呈现螺旋式发展趋势，使企业不断创新，保持自己品牌的比较优势和个性。区域农业产业结构也会随着企业的创新与整合不断升级换代。

第四，农产品品牌管理促使农业产业化理念不断发展。农产品品牌管理不仅是一种经营方式，还是一种经营理念。品牌管理的理念必须符合消费者的消费理念，品牌营销行为要维护消费者的现实利益、长远利益和社会的整体利益。农产品生产者、经营者必须把当前的绿色营销观念和社会经济可持续发展理念转化为自身的品牌理念，使得农业产业化不仅是农业工业化，还是与环境发展相协调、确保农业经济和社会可持续发展的农业现代化。

二、有利于农业生产力水平的全面提高

传统的生产力概念是指"人们征服自然、改造自然、获取物质生活资源的能力"。马克思主义政治经济学中所说的生产力的含义包括劳动生产力、自然生产力和社会生产力。卡尔·马克思（K. Marx）在《资本论》的最初手稿中提出了"物质生产力"和"精神生产力"的概念。精神生产力主要包括科学技术、生产管理、现代教育、邮电和通信、广播电视、生产信息等。随着信息技术的不断进步，精神生产力的范围还可能会进一步扩大。生产力结构是一个动态结构，处在不断变化之中。近年来，有学者提出环境生产力论、服务生产力论和艺术生产力论等概念，也可以看作是生产力概念在当今社会经济条件下的新发展。

农业生产力是农产品的品牌力。由于品牌产品具有较高的市场认知度和美誉度，易使消费者产生一定的忠诚度，因而在市场竞争中具有获利效应、促销效应、竞争效应及规模扩张效应等优势，是提高我国农产品整体效益的首要条件。农产品品牌管理的效益集中体现在农产品的品牌力上。品牌力是指消费者对某个品牌形成的概念和对购买决策的影响程度。

品牌力作为企业对消费者和市场的强大影响力，是决定企业成败的核心力量。品牌力依附于商品力，以自然生产力或物质生产力为基础。农产品品牌力的自然属性更为突出。同时，品牌力也是企业文化特质的反映，是企业的科学技术水平、员工素质、团队精神、创新力量、管理能力、质量水平、经营理念和品牌传播创意等内容的有机整合。在新经济

时代，企业的精神生产力的意义更为重要。因此，品牌力作为生产力，是农业生产力的新内容和新发展。农产品品牌力是农业企业核心竞争力的主要要素。哥印拜陀·普拉哈拉德（C. Prahalad）和加里·哈默尔（G. Hamel）在《企业的核心竞争力》一文中对核心竞争力作了如下定义：核心竞争力是企业组织中的集合性知识，特别是指关于协调多样化生产经营技术与有机结合多种技术流的知识。从上面的表述可知企业的核心竞争力是企业为赢得市场而拥有的独特知识，这种力量使企业能在追求顾客价值观的过程中，向顾客提供优于竞争对手并且不易被竞争对手所模仿的、为顾客所看重的消费者附加价值。

农产品的品牌力是由品牌产品力、品牌文化力、品牌传播力和品牌延伸力有机整合而成的复合力。品牌商品力和品牌文化力是品牌力的主要内容，品牌传播力关系到品牌与消费者在心理层面的沟通；品牌延伸力是品牌成长的重要一环。一个品牌想要在竞争中脱颖而出，在消费者心目中占据一席之地，就要使品牌产品有强大的品牌力，培养有利于强化品牌个性的品牌文化，实施有效的品牌传播，进行正确的品牌延伸。具体来说，农产品的产品力既是区域自然资源力的再现，具有特定产品力和地域价值力；又是新科技的结晶，具有一定专利性。品牌的文化力是企业长期文化建设成果的积淀，是品牌的灵魂，这种力量渗透到职工的思想中，表现在职工的素养中，从而折射到产品的性能中。品牌传播力关系到品牌形象和信誉度。品牌的传播力强，就能树立优秀的品牌形象，提高企业的信誉度和经济效益；品牌的传播力弱，品牌形象难免会受损，降低企业的信誉度和经济效益。各种品牌的传播手段大同小异，但有的品牌举世闻名、妇孺皆知，有的却很难树立品牌形象。这种差异的根源主要在于品牌传播的内涵和理念，这是传播手段无法"克隆"的内核。品牌的延伸力取决于品牌的创新力、营销力和品牌的现有价值与市场的定位。如果盲目延伸，那么就会造成品牌形象混乱、定位模糊，导致品牌力下降，使企业的核心竞争力受损。

综上所述，农产品品牌力是一种生产力，是区域资源的组织整合。它集合了企业的产品力、资本力、战略管理能力、创新能力、经营能力和文化价值观念，是农业企业核心竞争力的市场载体。因此，农产品品牌力是农业企业核心竞争力的重要组成部分，与生产资料、设备和劳动力共同构成了农业生产力，在提高农业生产力的过程中具有决定性作用。

三、有利于农民收入的增加

我国农产品的"卖难"问题是通过数量上的供过于求表现出来的，但实质上是结构性供求矛盾的体现。也就是说，生产者生产出来的农产品在品种和品质上不适销，从而导致"卖难"现象。出现农产品"卖难"的主要原因有以下几点。第一，农业结构不合理。一方面，产业结构不合理，以种植业为主，牧业、渔业、林业比重偏低，农业产业内部结构也不合理，如在种植业中，粮食种植比重偏大，经济作物比重偏小；另一方面，农产品品种结构不合理，传统品种比重偏大，新品种、优良品种推广太慢、比重偏低。第二，农产品品质低，不符合市场需求，农产品的口感、营养成分、标准化程度和农药残留等方面不能满足市场需求。第三，农产品单一品种生产数量过多，超过了市场需求量，导致绝对性的供过于求。第四，市场信息闭塞，产销信息分离。第五，流通环节不畅通，市场体系不完整，缺乏拉动力强、覆盖面广的大型农产品批发市场。第六，农产品生产者缺乏市场营销理念和品牌意识，农产品无品牌经营，难以在市场上树立信誉度，缺乏稳定的消费群体。

实行农产品品牌管理是解决农产品"卖难"问题的有效途径。首先，农产品品牌管理是企业化、规模化和集约化的管理，通过"一村一品、一乡一业"的专业化生产、规模化经营、区域化布局、社会化服务，形成贸、工、农相互衔接，种养协调，产供销一条龙的运行机制，最终在农村建立起"市场牵企业、企业带基地、基地连农户"的经济管理体制，形成"大市场、大流通和大产业"的现代化农业布局。其次，农产品品牌管理通过品牌创制和市场化运作树立品牌形象，提高信誉度，突出产品特色，建立稳定的消费群体，获得强大的促销效应。最后，农产品品牌管理可以促使农产品生产经营者树立市场观念、效益观念、营销观念、科技意识和品牌意识，避免盲目性和自发性，增强农业生产者的主动性，提高农产品的科技含量和市场竞争力。例如，宁波知名品牌"梅山岛"的商标注册以来，其产品主要出口日本、马来西亚、新加坡等国，梅山人都认识到了这一点，品牌不仅意味着一个地区的生产能力，更代表着一种品质。

四、有利于农产品国际市场竞争力的提升

提高农产品的国际竞争力是经济全球化时代各国农业生存、发展的必经之路。我国加入WTO后，农业产品税大幅降低，非关税措施和出口补贴基本取消，农业的国际化进程明显加快，但面临的国际竞争压力进一步增加。我国农产品不仅要参与国际市场竞争，而且在国内市场上也要与外国农产品竞争，我国农业面临的竞争形势空前严峻。

一方面，要调整农产品的生产结构，根据国际市场的需求培育和种植新产品；另一方面，必须推出名牌农产品，积极参与国际竞争，品牌的创立可以使农产品在同类产品市场的可替代程度降低，从而提高市场竞争力，提升国际竞争力。

在这样的形势下，采取品牌管理战略，打造农产品品牌，形成一批具有国际竞争力的

优势农产品，带动全国农业整体竞争力的提高，是我国积极应对入世、主动参与国际竞争的现实选择；也是尽快提高我国农业竞争力和生产力水平、促进农业发展的战略措施。

实践证明，国际市场是品牌的天下。具有优质、特色、科技含量高、信誉好、绿色环保等特点的农产品名牌具有强大的国际竞争力，可以打破贸易壁垒，更多、更快、更好地进入国际市场，获得较高的经济效益。通过广泛实施农业品牌战略，不断改善和优化政策、法律和舆论环境，规范市场秩序，推动农业科技进步和制度创新，提高农业经营管理水平，形成优胜劣汰、奋力争先的竞争格局，使我国农业的整体素质和效益有所提升，农产品的国际竞争力不断增强。

第二节 农产品品牌管理的战略目标

一、农产品品牌战略目标及其地位

（一）农产品品牌战略目标的分类

品牌战略是伴随企业发展的一项长期工作，贯穿企业发展的各个环节，是一项复杂的系统工程。农产品品牌战略目标是一个农业地区或企业对品牌战略经营活动预期达到的经营成果。农业地区或企业在其品牌战略管理的过程中，为提高市场地位和竞争能力，取得令人满意的战略绩效，保证品牌建设的顺利进行，必须确定明确的品牌战略总体目标，并根据企业的未来发展规划，制定不同阶段的分目标。

农产品品牌战略的总体目标是一个农业地区或企业期望自己的农产品品牌在竞争者市场中的地位形象，即期望自己的农产品品牌在同类产品中的知名度和美誉度。品牌战略目标可以按照品牌发展的不同阶段进行划分。初期为品牌创建时期，主要目标从打造项目品牌入手，逐步提高企业的知名度，树立品牌形象。中期为品牌发展时期，主要任务是进行资本运营，拓展新业务，做好扩张准备。中期品牌建设目标是建立主品牌（企业品牌）旗下的副品牌（项目品牌）系列，并且通过公司上市，大范围、大幅地提升品牌的整体形象。远期为品牌成熟时期，在经营方面的主要任务是跨地区扩张，开创未来成长空间。远期主要目标则是将企业培育成全国性的知名品牌，并且利用上市公司的身份进一步巩固品牌形象，培养顾客对企业品牌的忠诚度。如黑龙江省绥化市打造寒地黑土品牌的过程就是按照这三个阶段目标进行的。

（二）农产品品牌战略目标的地位

1. 农产品品牌战略目标是农业企业经营活动的历史性转变

农业生产力水平，尤其是农产品加工业发展到一个更高的阶段时，市场上的农产品不仅数量会急剧增加，而且其品质功能也日趋同质化。随着生活状况的大幅改善、消费欲望的不断增加，人们的消费需求和消费心理也日趋复杂化，消费者在购买农产品时改变了过去那种购买无包装、无品牌散货的方式，而是像购买工业品那样认牌购买，甚至认名牌购买。这时，农业企业若只进行产品或资本经营显然已不合时宜。农业企业要想永久性地刺激、引导消费者的购买行为，除了在提高产品质量、开发新产品等方面加大力度，创造省内、国内知名的农业企业品牌，确立农产品品牌目标，大力营造企业形象，提升企业品牌知名度也是农业企业的经营重点。在农产品经济经历了漫长的发展历程后，人们开始树立农产品品牌意识，农业企业品牌经营时代悄然到来。在这一时期，农业企业将经营活动置于农产品品牌管理上，农产品品牌战略目标的实施是农业企业经营活动的历史性转变。

2. 农产品品牌战略目标是企业品牌发展战略的核心环节

农业企业为了寻求品牌发展，需要针对内外环境及自身特性制订发展计划，这涉及企业的各个部门和各个方面，是一个宏大而复杂的体系。企业品牌战略目标是企业品牌战略的重要组成部分，是企业品牌战略的核心环节。企业品牌战略目标可以为一个农业地区或企业指明一定时期内农产品品牌化运用和生产经营活动的方向和奋斗目标，突出生产经营活动的重点，而且为评价经营成果确定了一个标准。另外，农产品品牌战略目标把一个地区内部各部门的生产经营活动联结成一个有机的整体，各部门、各生产环节的工作以整体品牌战略目标为核心，各项活动彼此配合、相互协调，实现了统一管理。

二、农产品品牌战略目标的基本内容

农产品品牌战略目标的基本内容主要包括以下几个方面。

（一）市场目标

企业在制定品牌战略目标时最重要的决策是企业在市场上的相对地位，它反映出企业的竞争地位。企业预期达到的市场地位应该是最优的市场份额，这就要求对顾客、目标市场、产品、服务、销售渠道等进行仔细分析。

1. 产品目标

该目标包括产品组合、产品线、产品销量和销售额等，用市场占有率、销售额或销售量来表示，表现为市场的渗透、新市场的开发、市场占有率、市场份额、出口创汇额等目标。

2. 渠道目标

该目标包括纵向渠道目标（渠道的层次）和横向渠道目标（同一渠道成员的数量和质量目标）。

3. 沟通目标

该目标包括广告、营业推广等活动的预算和预期效果。

（二）创新目标

在环境变化加剧、市场竞争激烈的社会背景下，创新概念受到了高度重视。创新作为企业的品牌战略目标之一，使企业获得了生存发展的动力。企业的创新活动基本上包括三种：技术创新、制度创新和管理创新。为树立创新目标，品牌战略制定者一方面必须预估达到市场目标所需的各项创新；另一方面必须对技术进步在企业的各个领域中引起的发展进行评价。

1. 技术创新目标

农业技术创新主要是指将数学、信息技术、生物技术等方面的新理论、新方法及时渗透到农业生产的各个环节，引入新的生产方式，如原材料、能源、设备、产品等有形的技术创新和工艺程序设计，以及操作方法改进等无形的技术创新。农产品加工企业要运用先进的农业技术手段，把现代化的科技方法应用于农业技术创新。发展农业高新技术，首先要建立完善的农业技术创新目标。制定技术创新目标，使农业科研目标对资源进行科学分配，使有限的创新资金集中用于那些农业生产急需且成功率高的技术项目上；建立风险投资机制，消除农业科研部门的后顾之忧，从而推动企业乃至整个产业广泛而深刻的发展。

2. 制度创新目标

在农产品品牌化的进程中，制度创新涉及两个方面的内容：经济体制创新和资源配置调控制度创新。

经济体制创新与农产品品牌化过程联系更为密切。经济体制的形成，受经济发展水平、社会和文化、环境等因素的影响；反之，经济发展水平等因素的变化又必然会改变经济体制。当然，一个既定的经济发展水平可以适应一种以上的经济体制，但是一定的发展水平却可能和某些特定的经济体制是不相容的。也就是说，随着生产的不断发展、经济发展水平的提高，企业需要确立经济体制调整的目标，使自身适应不断变化的经济形势、环境和市场。

资源配置调控制度是指在品牌化进程中企业的经济资源分配方式。在农产品生产过程中，企业经济资源无论是资金、土地、劳动力，还是其他生产要素，其数量都是有限的。资源配置的方式不同，企业取得的经济效益也有很大差异。随着市场和环境的变化，资源配置需要不断调整。企业如果想要实现经济效益最大化，那么其资源配置的调整必须具有前瞻性，必须有计划地决定资源的分配和组合。因此，确定企业资源配置方式的创新目标是实现农产品品牌化战略的重要举措。

3. 管理创新目标

管理创新是指企业把新的管理要素或要素组合引入企业管理系统，以更有效地实现组织目标的创新活动。在我国农产品品牌化的进程中，企业的经营管理模式正在由传统小农户家庭经营模式向规模化农业经营模式转变。随着农产品市场竞争的日益激烈，原有的管理方法已不能满足时代的需要，管理创新成为企业寻求生存和发展的中心任务。管理创新涉及经营思路、组织结构、管理风格和手段、管理模式等多方面的内容。管理创新的主要目标是设计一套新的农产品生产经营管理规则和模式，以促进企业管理系统综合效能的不断提高。

（三）盈利目标

盈利目标是企业的基本目标，是指农产品品牌给企业带来的预期收益。盈利目标一般用投资收益率、销售利润等来表示，表现为品牌农产品的利润、收入等目标。农产品品牌能给企业带来利益，同样的产品贴上不同的品牌标签，可以卖出不同的价格，其市场占有能力也有很大差异。品牌盈利目标的实现与企业的资源配置效率及利用效率息息相关，主要表现在生产资源目标、人力资源目标、资本资源目标上。

1. 生产资源目标

通常情况下，企业通过改进投入与产出的关系获利。一方面，提高每个投入单位的产量；另一方面，在单位产量不变的情况下，成本的降低也意味着利润的增加。

2. 人力资源目标

人力资源素质的提高带来企业生产率的提高，同时减少人员流动造成的成本开支。因此，企业的品牌战略目标中应包括人力资源素质的提高、建立良好的人力资源管理等目标。

3. 资本资源目标

达成企业的盈利目标还需要在资金的来源及运用方面制定各种目标。一方面，确定合理的资本结构并尽量减少资本成本；另一方面，通过资金、资产的运作获得利润。

(四) 社会目标

现代农业企业越来越多地认识到自己对顾客及社会的责任。一方面，企业必须对自身造成的社会影响负责，如农产品加工企业大多生产食品，食品的卫生质量安全问题一直是社会最为关注的问题，一旦某地发生卫生质量安全问题，引起的轰动会波及整个社会，给企业带来的负面影响极大；另一方面，企业必须承担解决社会问题的部分责任。企业日益关心并注意自己良好的社会形象，既能提高产品或服务的信誉，又能促进社会对企业的认同度。企业的社会目标反映出企业对社会的贡献程度，如环境保护、节约能源、参与社会活动、支持社会福利事业和地区建设活动等。企业社会目标包括以下几个方面。

1. 公共关系目标

该目标的着眼点是企业形象，企业形象的建设通常以提高公众满意度和社会知名度为目标，表现为消费者、经营者、生产者对该商标的知晓程度。

2. 社会责任目标

该目标是企业在道德追求、理想价值方面的目标，指企业在处理和解决社会问题时的态度和行为，如在对待环境保护、社区问题、公益事业时扮演的角色和发挥的作用。

3. 美誉度目标

该目标是指地区名牌、省级名牌、全国名牌、中国驰名商标、世界驰名商标的取得和企业在消费者心目中的地位。

在实际中，由于农业企业性质、企业发展阶段的不同，品牌战略目标体系中的重点目标也大相径庭，企业应根据实际情况确定品牌战略目标的项目和发展水平，使品牌战略目标为整个农产品品牌管理服务。

三、农产品品牌战略目标的制定过程

一般来说，确定农产品品牌战略目标需要经历调查研究、拟定目标、论证评价和目标决断四个具体步骤。

（一）调查研究

制定农产品品牌战略目标，要充分考虑本地区本行业的外部环境及企业内部条件两个方面的因素，外部环境更为重要。因此，为了使农产品品牌战略目标切实可行，必须做好以下几个方面的调查工作：第一，要掌握国家经济发展规划，特别是农业经济发展的方针、政策导向；第二，要掌握本地区及农业经济发展相关政策、发展目标；第三，要了解农产品市场变化动向，特别是相关农产品的市场供给和需求，满足消费者的需求；第四，要调查研究同类农产品生产企业的品牌战略目标及品牌目前的市场地位；第五，要收集整理本企业的生产经营条件、企业文化和企业发展战略。

调查研究一定要全面进行，且要突出重点。为确保品牌战略进行的调查研究不同于其他类型的调查研究，其侧重点应该在于企业与外部环境的关系和对企业未来发展的研究和预测。关于企业自身的历史与现状的研究自然是必要的，但对品牌战略目标决策来说，最关键的还是对企业未来具有决定意义的外部环境信息。

（二）拟定目标

经过细致周密的调查研究后，可以着手拟定农产品品牌的战略目标。拟定品牌战略目标一般需要经历两个环节：拟定目标方向和拟定目标水平。在既定的品牌战略经营领域内，综合考虑外部环境、消费需求和内部资源，确定品牌的目标和方向，通过对现有能力与手段等内部资源条件的全面衡量，对品牌活动水平做初步的规定，形成可供决策选择的目标方案。

上文对农产品品牌战略目标包含的内容已经进行了介绍，这里不再赘述。在确定品牌战略目标的过程中，必须注意品牌目标内容结构的合理性，使品牌的利益目标、市场目标、发展目标和名誉目标相互联系、相互影响。如果确立的利益目标和市场目标较低，那么发展目标和名誉目标也会相对较低；反之亦然。在拟定农产品品牌的目标时，要列出各个目标的综合排序，在满足实际需要的前提下，尽可能减少目标数量，把类似的目标合并成一个目标，把从属目标归于总目标。

在拟定品牌目标的过程中，要注意两个方面的问题。一方面是对农产品生长的自然环境资源应给予充分考虑。农产品生长的自然环境对产品质量的影响很大，土壤、气候等自然条件会使农产品形成某种特色，这种特色往往具有无与伦比的优势，这样的企业品牌目标可以拟定得高一些。另一方面是企业领导要注意充分发挥智囊人员的作用，要根据实际需要，尽可能多地提出一些目标方案，以便对比选优。

（三）论证评价

在农产品品牌战略目标拟定出来之后，要组织专家和有关人员对提出的目标方案进行评价和论证。

（1）论证和评价战略目标方向的正确性。要着重研究拟定的品牌战略目标是否符合企业精神、是否符合企业的整体利益与发展需要、是否符合外部环境及消费者的需要。

（2）论证和评价战略目标水平的可行性。论证与评价的方法，主要是按照战略目标的要求，分析企业的实际能力，找出目标与现状的差距，再分析用以消除这个差距的措施，对其进行恰当的运算，尽可能用数据说明情况。如果以现有的条件和能力、实现的途径和措施能够消除差距，那么说明这个目标是可行的。如果外部环境及未来的变化对企业发展比较有利，企业自身也有办法找到更多的发展途径、能力和措施，那么就要考虑提高品牌战略目标的水平。

（3）论证和评价战略目标的完善化程度。论证和评价战略目标的完善化程度要着重考察以下内容：第一，目标是否明确。目标明确是指目标应当是单义的，只能有一种理解，不能是多义的；多项目标还必须分出主次轻重；实现目标的责任必须能够落实；实现目标的约束条件也要尽可能明确。第二，目标的内容要素是否协调一致。如果内容不协调一致，完成其中一部分指标势必会牺牲另一部分指标，那么目标内容便无法完全实现。第三，目标有无改善的余地。

如果在论证评价时，已经提出了多个目标方案，那么这种论证评价就要在比较中进行。通过对比、权衡利弊，找出各个目标方案的优劣所在。拟定目标的论证评价过程也是目标方案的完善过程。要通过论证评价，找出目标方案的不足之处，并想方设法使之完善。如果通过论证评价，发现拟定的目标完全不正确或根本无法实现，那就要重新拟定目标，再重新进行论证评价。

（四）目标决断

目标决断就是对多个拟定目标进行权衡利弊、优中选优，最后选择一个最佳目标作为农产品品牌的战略目标。在选择最终的战略目标时，要注意从以下三方面权衡拟定的各个目标方案：目标方向的正确程度、可望实现的程度和期望效益的大小。对于以上三个方面应作综合考虑，所选定目标的三个方面的期望值都应该尽可能高。

目标决断还必须掌握好决策时机。因为品牌战略决策不同于品牌战术决策。品牌战术目标决策时间比较紧迫，回旋余地很小，而品牌战略目标决策的时间压力相对不大。在决策时间的问题上，一方面，要防止在机会和困难都还没有搞清楚之前就轻率决策；另一方面，不能优柔寡断，贻误决策时机。

在确定品牌战略目标的过程中，调查研究、拟定目标、论证评价、目标决断这四个步骤是紧密结合在一起的，后一步的工作依赖于前一步的工作；在进行后一步的工作时，如果发现前一步的工作出现错误，或者遇到了新情况，就需要回过头去，重新进行前一步或前几步的工作。

第三节 农产品品牌管理的实施方法

一、壮大龙头企业，推动农产品品牌发展

农产品品牌管理的前提是企业要有品牌，没有品牌就没有竞争力。但品牌的建立和发展是一个长期的过程，需要有一定规模和实力的企业积极参与，企业的规模和经济实力是创立品牌的前提。因为品牌创立要花费企业大量的人力、物力和财力，这对企业来说意味着风险投资，是对企业的经营管理水平的考验。目前，我国的农业企业规模普遍较小，并且存在大量以一家一户为生产经营单位的企业，经营分散、势单力薄，所生产的大宗产品品种结构趋同、加工滞后、生产管理无序、流通无渠道。不仅难以保证稳定的质量，而且在品牌创建过程中的诸如开拓市场、树立品牌、申请注册和取得认证等方面也会力不从心，更不用说生产技术环节能否达到国际市场的最终检验标准。

一家一户为生产经营单位、经营分散和规模较小的农业企业，不能胜任农产品品牌经营战略。从全国拥有强势地位的农产品品牌企业和地区的成功经验来看，做大品牌必须依靠龙头企业的拉动，通过龙头企业使小生产单位与千变万化的大市场对接，实现土地、资金等生产要素的优化组合。在龙头企业的带动下，无品牌、分散经营的农户和企业，尝到了品牌经营的"甜头"，获得了相对较高的利润，其生产积极性和参与品牌管理的积极性也极大提高。同时，依靠龙头企业品牌进入市场，充分体现了品牌农业的规模优势、渠道优势与合作优势。龙头企业是品牌经营的核心，"龙头企业+基地+农户"模式，可以使生产和流通的各个主体相互协作、共同发展，既有利于规模化生产，提升农产品的附加值；又有利于市场化运作，树立品牌的统一形象，促进农业名牌的产生。目前，我国规模较小

的农业企业要着重分析自身成长缓慢的原因或阻碍因素，采取相应的措施和方法，多途径培育和促进农产品龙头企业集团的发展，培育优势产业和强势品牌，提高农产品品牌的管理水平。例如，在加大引进农产品大企业的力度的同时，对现有企业进行组织引导，以建立现代企业制度为目标，通过规范运作、政策扶持、降低公司创办费用、减轻企业负担、改革管理体制等措施，提高企业的市场竞争力。

二、加大各级政府的扶持力度

农产品品牌的发展是一个系统、长期的工程，单靠龙头企业拉动和农业管理部门指导是不够的，还必须依靠各级政府相关部门的扶持，充分发挥政府各部门的综合力量。因此，各级政府必须加强领导，充分利用经济、法律等手段，扶持、保护、促进品牌的发展。我国农产品品牌建设发展缓慢，知名品牌少，品牌力弱，因此各级、各地政府责任重大。政府对农产品品牌管理要支持帮助，但不能包办代替。如何做到"帮农"而不"扰农"，是值得认真研究的问题。我国加入WTO之前，政府通过价格补贴、价格保护等方式对农业进行扶持；加入WTO后，政府通过政策扶持等方式指导、帮助农业企业，实施农产品品牌管理。我国的政府扶持具体包括以下几种形式。第一，真正落实政策。中央一号文件已经明确指出，不管哪种所有制和经营形式的龙头企业，只要能带动农户，并与农户建立合理的利益联结机制，带动农民共同致富，都要在财政、税收、金融等方面一视同仁地予以支持。也就是说，对农业龙头企业，中央是有支持政策的，关键是各级政府政策的落实。第二，搞好农业科技示范。农民参与各种经济组织要自愿，不能靠行政命令。政府可以通过扶助创办农业科技示范园等形式引导农民参与龙头企业的品牌管理。通过政府引导，在一定规模和层次的龙头企业带领下，形成市县有示范区、乡镇有示范园、农村有示范户，与国际标准接轨、与国家标准接轨、与行业标准配套的生产管理程序。第三，做好商标注册工作。各级政府要积极引导、帮助农产品生产者做好商标注册工作。尤其是传统的原产地产品，必须尽快规范生产标准，完成商标注册；要逐步开展农产品原产地认证工作，形成区位品牌，促进产业聚集；要利用WTO贸易规则，积极实施传统名优产品的原产地保护措施，为品牌建设保驾护航。第四，真正搞好服务。近年来，在广大农村，由于政府和管理部门的服务性收费过多，农民对政府产生了一些不满情绪，农民希望能降低农业交易服务的一系列成本。政府通过向农业、农村和农民提供由财政支付的各项无偿服务，降低农业产品进入国际、国内市场的交易成本，真正为三农服务。建议加强农村公共基础设施建设，全部由财政直接出资，无偿提供农副产品品质认证服务等各种各样的信息服务、中介服务和品牌建设服务。另外由政府出资购买对农产品品质影响大、作业范围广的农作物新品种、农业生产新技术，并将其无偿提供给农民或农民组织。第五，充分利用媒体传播渠道。在市场经营条件下，我国的众多媒体在传播文化信息时搞市场化运作，利用其传播信息的垄断地位，收取高额广告费用。党和政府领导机关要引导这些媒体部门，从丰厚利润中拿出一部分反哺农业，以免费、低廉的费用在大众媒体中留出版面、空间和时间段，开办专栏，以新闻报道、消费知识介绍、地方人文和名优特产宣传等形式宣传农产品品牌，为农产品品牌做广告，积极宣传名优产品和品牌农产品。总之，农产品品牌的宣传推广，要从地方品牌创建开始，实力较强的企业或品牌要面向全国，在国家级的媒体上做广告，甚至走向世界。第六，加大政府扶持力度。实施农产品品牌管理风险高，企业往往有顾虑，迫切需要政府的鼓励。这种鼓励要有力度，再落到实处。例如，出台相关政策、法规和指令性文件，并敦促地方政府严格执行，定期检查执行情况。

三、提高产品质量，增强品牌的竞争实力

品牌是市场竞争的产物，是消费者识别产品的手段，农产品的品牌管理是农业产业化的必经之路。质量和品牌并不矛盾，实施农产品品牌管理，农产品的质量是基础，是品牌的核心。提高品质是品牌产品的自我保护，要适应消费者生活水平和消费观念的新变化，不断提高产品质量，使品牌之树长青。

提高农产品质量，重点要在三个方面下功夫：一是实施良种工程。要把引进、培育良种作为不断优化产品品质、创造农产品品牌的基础工程，加大开发力度，加快引进速度。从生产源头开始，把好产品质量关。如果生产的产品是无公害农产品、绿色农产品或有机农产品，要取得相关的农产品认证。二是积极进行以提高产品质量为核心的技术改造和技术攻关。例如，研制瘦肉型猪快速生长所需的无激素饲料、早熟梨的贮藏保鲜技术、河田鸡的保种选育等，使产品的技术指标达到国内或国际同行业的领先水平。三是实施品牌农产品的标准化生产。建立健全品牌农产品的质量管理体系，实施综合标准化管理，包括建立品种、种苗、种植或养殖过程，以及产品的采集、加工、包装、运输、贮藏等生产全过程的综合标准体系。

强势农产品品牌与非强势品牌、无品牌农产品的显著区别在于品牌质量、品牌定位、品牌服务等。农产品品牌质量的核心指标是安全因素，安全因素是消费者认可的首位要素。农产品品牌是消费者选择产品的重要判断根据，品牌为企业带来利益的同时，也带来了巨大的压力，企业必须稳定农产品质量、维护品牌形象，这样才能形成忠诚的消费群体。

四、提高品牌意识，注重农产品商标注册

我国著名的农产品有很多，如东北三宝、山东大枣、毛坝漆、洪湖莲子等，但这只是

农产品而不是农产品品牌。我国的现实情况是绝大多数农产品无品牌，即使少数农产品有品牌，包括上述著名的土特产品，但由于种种原因，并未形成市场品牌力。这种现象的成因是多方面的，如品牌经营意识淡薄、经营分散、企业规模小、缺乏地理标志保护、品牌管理能力不高等。有些企业的农副产品在国家、省级的评比评奖中脱颖而出，获得金、银、铜奖或名牌产品等殊荣，但不少产品获奖后被束之高阁。企业在规模扩张、系列开发、质量、包装、档次等方面缺乏实施品牌战略的规划和具体办法。因此，各级政府要切实强化品牌观念，针对目前农产品品牌产品少、规模小、竞争力弱、品牌效应不明显等问题，抓紧制定分步走的发展规划和措施。

纵观我国农业产业化的发展过程，可以将其划分为三个阶段：第一阶段是品种的竞争，即"人无我有"；第二阶段是品质的竞争，即"人有我优"；第三阶段是品牌的竞争，它是一个长期的有形资产（产品）和无形资产（品牌）的结合，其最直观、最简单、最显著的表现形式就是商标。

目前，在实施农产品品牌管理中，要搞好商标运作需注意以下几点。首先，在具备基本条件的情况下，积极进行商标申报和注册登记，政府有关部门也要经常帮助和督促农产品生产、经营部门进行商标注册。其次，龙头企业或政府申请地理标志，将有市场影响的农产品尽可能多地申请地理标志。再次，要强化品牌管理。地方政府要帮助企业提高商标管理能力，整合商标。最后，我国在加强地理标志名称保护的同时，还应提高已申请地理标志企业的商标意识，从而使它们的产品可以受到地理标志证明商标和自身商标的双重保护。

五、建立灵活多样的流通渠道和广泛的流通网点

实施农产品品牌管理，重要的是如何将一家一户的小规模农业生产组织起来，与千变万化的农产品市场相结合。要在加快培育、发展品牌的前提下，努力实现品牌产品较高的市场占有率。农业生产组织必须与农产品市场流通改革、创新结合起来，建立适应现代农业发展的"大生产、大流通"格局，用营销网络优势推动市场扩张。为此，建议采取以下措施。

（1）通过市场结盟建立紧密型农产品营销合作组织，按照市场需求组织统一品牌的农产品生产，统一质量标准，并负责技术进步、产品标准制定及反假冒伪劣等工作。

（2）与学校、大企业、机关、部队、宾馆、饭店等建立供销关系，通过直销的方式，不仅建立了稳定的销售渠道，而且为树立品牌形象提供了契机。

（3）建立专业市场，根据产品和自身情况，多渠道开拓销售市场，在大中城市建立专卖店，专柜专销、直供直销，扩大农产品品牌的辐射能力。

（4）与大型流通企业建立品牌联盟，拓宽营销渠道。

(5)壮大营销队伍。通过扶持和引导,形成一支包括农民个体营销大户、企业营销人员、进入经济建设主战场的机关事业单位干部、协会组织等各种力量在内的营销大军。要加快培养一批擅长市场调查、市场分析、营销策划的人才,满足市场开发的需求。

(6)健全营销网络。其关键是依托龙头企业、国家商业企业和政府驻外办事机构、支乡会等组织和异地代理商,完善市场窗口的建设,建立营销网络。要重视采用现代营销手段,包括注册商标、广告宣传、形象策划、连锁机制等,提高品牌产品的市场影响力,实现市场扩张。

六、积极进行广告宣传,扩大农产品品牌知名度,树立产品和品牌形象

企业必须增强品牌意识,积极实施农产品品牌工程,通过广告宣传品牌、地域特色,树立产品和品牌形象,扩大市场份额,保证质量安全,提高产品档次,增加销售收入,使农产品品牌迅速成长起来。因此,从政府到农产品生产者、经营者都要有广告促品牌、促经营的思想,不拘形式、全方位地运用各种广告形式,尤其要运用整合传播策略和新兴媒体,及时、准确、经济地将信息传递出去,使农产品品牌在市场中拥有巨大影响力。在农产品品牌知名度提高的同时,要借助我国几千年的农业文明和现代科技、生物技术,不失时机地树立产品形象和品牌形象,打击假冒伪劣品牌,提高顾客对于品牌的忠诚度。

第八章

农产品品牌管理策略

第一节 农产品品牌管理的主要步骤

一、农产品品牌主体的培育和扶持

企业是市场经济活动的主体,也是农产品品牌经营的主体。任何农产品品牌,只有通过企业的精心经营才能做大做强。各级、各地农业部门要结合农业标准化、产业化和农业结构调整等重大项目的实施,引进、扶持或培育一批对本地农业有较强的开发加工能力、市场拓展能力和出口创汇能力的骨干龙头企业,对本地农业进行深度开发。

二、农产品品牌产品的开发与培育

品牌注册是农产品品牌化的初始环节,应结合优势农产品区域布局规划和特色农业发展规划的实施,有计划地开展农产品品牌的开发培育工作,注册一批优势特色农产品及生产基地的品牌。在此基础上,进行品牌整合和强势品牌带动,选择市场前景好、发展潜力大、市场占有率高的强势品牌,在生产基地建设、标准化生产、技术培训、质量控制体系、产品核心价值提炼、包装及市场开拓等方面进行重点扶持,以整合弱小品牌,培育主导品牌,使之成为促进农业发展的重要力量。农产品品牌化是解决农产品"优质不知名"

和"优质不优价"问题的根本出路。众所周知,严格按标准生产农产品,必然出现农产品单产低、成本高的现象;没有品牌带动或市场准入制度不完善,必然出现优劣同价的现象,这是当前我国农产品生产流通的现实情况。这种情况严重打击了生产优质农产品经营组织的积极性,实际上是变相鼓励劣质产品的生产与流通。这是多年来我国高档农产品短缺、普通农产品积压滞销的内在原因。因此,只有大力推进农产品品牌化,才能从根本上解决优质不知名和优质不优价的问题,提高农产品的竞争力。

三、农产品品牌的评选与认定

农产品品牌的价值和市场竞争力,主要体现在知名度、忠诚度、品牌联想、品质感知和文化内涵等方面,要针对农产品和农产品品牌的本质特征,制定科学有效的品牌认定办法,建立切实可行的评价指标体系,组织开展省级、国家级品牌农产品的评选认定,形成一批影响力大、效益好、辐射力强的农产品品牌,使其成为带动农业发展、促进农业增效和农民增收的中坚力量。

四、农产品品牌的宣传与推介

品牌宣传、市场推介是农产品品牌化工作的重要内容,在农产品品牌开发培育和认定阶段结束后,企业可以通过报纸、广播、电视、网络等媒体,有计划地策划和组织农产品品牌的国内外宣传,通过各种平台开展市场营销,扩大市场知名度,树立农产品品牌的整体形象。同时,对消费者进行正确引导,帮助他们客观认识农产品品牌,培养其健康的消费心理和消费习惯,鼓励消费本地农产品和我国的名牌农产品。

五、农产品品牌的监督与保护

品牌通过注册、认定,具有明确的主体指向,应当依法予以保护。同时,品牌的质量、信誉和形象的维护也是品牌生命力的基本保证。应健全相关法律法规,建立相应的管理制度,切实加强品牌质量保证体系和诚信体系建设,纠正各种品牌标志使用的违法违规行为,严厉打击冒用品牌等违法行为,维护品牌形象,保护品牌主体的合法权益。

第二节　农产品品牌的命名

一、农产品品牌的形成因素

(一) 农产品的差异性

品牌最重要的功能是区别同类产品中品质不同的产品，如果同类产品的品质完全相同，消费者就没有区分的必要了。随着农业科学技术的发展，农产品的品质差别越来越大。为了帮助消费者对农产品进行识别、挑选，也为了使自己的优质农产品不与劣质农产品相混淆，企业应创立农产品品牌。农产品的差异性表现在以下几个方面。

1. 品种差别

不同的农产品品种的品质有很大差异，主要表现在色泽、风味、香气、外观和口感上，这些因素直接影响消费者的需求偏好。不同的农产品品种决定了不同的有机物含量和比例，主要包括蛋白质含量及其比例、氨基酸含量及其比例、糖类的含量及其比例、有机酸的含量及其比例、其他风味物质和营养物质的含量及其比例等。这些指标一般由专家采用感官鉴定的方法来检测。当优质品种推出后，得到广大消费者的认知，消费者就会尝试购买；当得到消费者的认可，消费者就会重复购买；消费者多次重复购买，就会提高自身对品牌的忠诚度。

在实际的农产品创建品牌的过程中，农产品品种质量的差异性主要根据消费者的需求和农产品满足消费者需求的程度，从实用性、营养性、食用性、安全性和经济性等方面来评判。以水稻为例，消费者关心其口感、营养价值和食用安全性，水稻品种间这些品质的差异越大，就越容易使品种以品牌的形式进入市场，并得到消费者的认可。

2. 生产区域差别

许多农产品种类及品种有其生产的最佳区域。"橘生淮南则为橘，生于淮北则为枳。"不同区域的地理环境，由于土质、温湿度、日照等自然条件的差异，直接影响着农产品品质的形成。许多农产品，即使是同一品种，在不同的区域品质也相差很大。以红富士苹果为例，在品质上陕西省、山西省的苹果品质优于辽宁省，辽宁省优于山东省，山东省优于黄河古道地区。从种类上来说，东北小麦的品质优于江南地区，新疆西瓜的品质优于沿海地区。我国地域辽阔，横跨亚热带、温带和寒带，海拔高度差异也很大，各地区都有自己的名、特、优农产品，如浙江龙井、江苏碧螺春、安徽砀山梨、山东鸭梨、四川脐橙、新疆哈密瓜、金乡大蒜等。因此，应因地制宜地发展当地农业，大力开发当地名、特、优产品，从而创立当地的品牌农产品。

3. 生产方式差别

不同的农产品生产方式直接影响农产品品质，如采用有机农业方式生产的农产品品质比较高，而采用无机农业方式生产的农产品品质较差。采用受工业污染的水源灌溉严重影响农产品品质及卫生质量。在生产中采用各种不同的农业生产技术措施也直接影响产品质量，如农药的种类、施用量和方式直接决定农药残留量的大小；播种时间、收获时间、灌溉、修剪、嫁接、生物激素等的应用，都会造成农产品品质的差异。

4. 营销方式差别

农产品要成为品牌商品进入市场，必须经过粗加工、精加工、包装、运输等一系列商品化处理，并对农产品的品质予以检验。同时，要建立农产品的生产、加工质量标准体系，开拓营销网络，实行规模管理。另外，市场营销方式也是农产品品牌形成的重要方面，包括从识别目标市场的需求到让消费者感到满意的所有活动，如市场调研、市场细分、市场定位、市场促销、市场服务和品牌保护等。提升农产品营销能力，有利于扩大农产品品牌的影响力，提高农产品在市场上的地位和份额。因此，营销方式是农产品品牌发展的基础，而品牌的发展又能够进一步提高农产品竞争力。

（二）信息不对称

在市场上，产品是千差万别的，消费者由于信息差不可能了解其所购买的产品的全部信息，因此在购买产品时就产生了风险，即可能购买到假冒伪劣产品。为减少这种风险，消费者会购买某种带有特殊符号的产品。这种特殊符号代表了这种产品的品质。消费者可以凭借这种特殊符号判断、选择，从而放心地购买产品。这里的特殊符号主要就是指品牌。品牌的作用是信息沟通。人们之所以"认牌"购买就是因为该品牌向消费者传递了这样的信息——该品牌旗下的产品是可靠的，或该品牌代表着一种特殊的精神力量。品牌产生的真正原因是产品存在差异，但是消费者又不知道这种差异（信息不对称）。目前我国的农产品已经具备了这种差异。但是，人们掌握的农产品信息并没有随着农产品差异化程度的加深而增加，人们对农产品的质量、安全问题心存惧怕却又无法判断，人们想购买那些高质量的农产品却无法识别。因此，确立农产品品牌至关重要。例如，我国很多地区都生产大米，但不同地区生产的品质差异很大，黑龙江省绥化市生产的寒地黑土牌大米无论是营养还是口感均属上乘。寒地黑土大米深受消费者喜爱，凭借的就是品牌。

（三）竞争

竞争是品牌的催化剂。如果没有竞争，那么品牌就不会产生。在一个企业完全不受限制地销售产品时，或者其产品供不应求时，品牌的重要性几乎为零。但是当竞争发展时，消费者便有了更多的选择，产品能否被消费者选中成为关乎企业发展的重要问题。企业竞争实质是产品竞争，这种竞争主要表现在以下几个方面。

1. 企业能否使消费者最大程度地了解自己的产品

消费者是否选择某个产品取决于他们是否知晓某个产品及知晓程度。需求产生欲望，欲望在条件允许的情况下产生购买力。消费者如果不了解产品，不了解产品对自己的益处，是不可能进行消费的。品牌可以帮助企业向消费者传递信息。品牌的这一功能满足了企业向消费者告知产品功能的需要。

2. 企业能否使消费者的利益最大化

消费者希望选择能使自己利益最大化的产品，谁能最大限度地满足消费者的需求，就赢得了消费者的心。企业通过建立品牌、宣传品牌、展示品牌特色，能使企业的产品给消费者带去更多的利益。

3. 企业能否给消费者带来附加利益

优秀产品品牌除了给消费者带来物理功能方面的利益外，还能满足消费者的附加利益，如为消费者提供免费送货、免费清洗、上门安装、技术培训等配套服务。

（四）感性消费

有了品牌，企业的竞争力会大大提高，因此企业都会将品牌作为竞争的一个有力工具。当竞争到了一定阶段，产品就会在某个高层次上实现"同质化"。不同企业所使用的技术与操作规范都是相同的，从产品功能上说各个企业的产品相差无几。这种情况会使消费者进入感性消费阶段。感性消费是指消费者在购买产品时不是根据各种理性指标如质量、价格等进行选择，而是根据个人感觉选购产品。消费者喜欢某产品不是因为某产品质量比其他产品好，而是因为该产品能反映其个性和需要。正如阿尔文·托夫勒（A. Toffier）所言，"我们正从'肠子经济'过渡到'精神经济'。"例如，很多青少年喜欢"劲王野战"饮料，不是因为该饮料比其他饮料好，而是因为该饮料很"酷"，而"酷"能代表青少年的个性。某些消费者花高价购买某品牌的高档西服，并不一定意味着该品牌的西服就比其他品牌质量好或款式好，而是因为这个品牌有一个非常尊贵的品牌形象。我国消费者目前对农产品的消费还没有达到感性消费这个层次，但是随着我国加入

WTO，农产品市场的竞争越来越激烈，农产品的消费迟早会发展到这一层次。

二、农产品品牌命名的基本要求

为产品取名实际上是选择适当的词或文字来代表商品。对消费者而言，品牌名称是引起其心理活动的刺激信号，品牌名称的基本心理功能是帮助消费者识别和记忆商品。品牌名称给消费者带来的视觉刺激、感受程度和在心理上引起的联想差别很大，对生产企业的认知感也会不同。

从一般意义上来讲，产品命名的基本要求是：当商品进入市场后，人们要认识它、记忆它，首先要记住的是它的名字，也可以说品牌名称是品牌形象设计的主题和灵魂。

（1）品牌名称要有助于建立和保持品牌在消费者心目中的形象。品牌名称要清新高雅，充分显示商品的档次，从而塑造具有"高级感"的企业形象。

（2）品牌名称要有助于使产品区别于同类产品。选择名称时，应避免使用在同类商品中已经使用过的或音义相同、相近的名称。否则难免会使消费者对品牌认识不清和对企业认识模糊，鲜明的企业形象的建立更是无从说起。

（3）品牌名称要充分体现产品属性所能给消费者带来的益处，从而通过视觉刺激，使消费者产生对产品、对企业认知的需求。这是企业形象深入人心的基础。例如，方欣牌大米的品牌名称谐音"放心"，能使消费者放心购买。

（4）品牌名称要符合大众心理，激发消费者的购买欲望。这是品牌必须注意的问题。例如，消费者注重身心健康及营养元素的合理搭配，所以像富含硒元素的富硒葡萄、养神静目的静宁苹果一度受到消费者的青睐。

（5）品牌名称应注意民族习惯的差异性，这样树立企业形象才更有效，更具针对性。国内外各地区的喜好、禁忌不同，品牌的命名更应慎之又慎。

（6）品牌命名要合法。要遵循商标法和知识产权法的有关规定，否则容易"为他人做嫁衣"。

三、农产品品牌命名的常见技巧

（一）以产地命名

一方水土养一方人。许多农产品受水土的影响，其质量、味道、口感差别较大，因此农产品的地域性比较强。以产地命名有助于了解这些地方的人对产品产生亲近感和信任感，如原阳大米、山西老陈醋、莱阳梨、王屋山猕猴桃、上盘西兰花、三门青蟹、福建龙井、信阳毛尖、黄山毛峰、太平猴魁、六安瓜片、祁门红茶、明光绿豆等。

（二）以动物、花卉名称命名

用形象美好的动物、花卉名称命名，可以引起人们对商品的注意与好感，并使产品具有某种象征意义，如台州的玉麟西瓜、仙梅杨梅、千叶春大米，焦作的铁棍山药等。

（三）以人名命名

这种名称或以人的信誉吸引消费者，以历史、传说人物形象引起人们对商品的想象。如詹氏蜜蜂园的蜂产品、永福杜鹃花、禹王牌农机产品、台州的玉环文旦柚子等。

（四）以企业名称命名

以企业名称命名的品牌，突出了商品生产者的字号和信誉，能够加深消费者对企业的认识，有助于突出品牌形象，以最少的广告投入获得最佳的宣传效果，如方欣米业的方欣牌大米，三真米业的三真富硒米等，都是以企业名称作为品牌名称的典范。

（五）根据商品制作工艺和商品主要成分命名

这种命名方法是为了引起消费者对其质量产生信赖感，如山贝牌山货特产食品、其鹏有机茶、长园野生茶油等。

（六）以具有感情色彩的吉祥词或褒义词命名

这种命名方法的目的是引起人们对商品的好感，如好想你枣片、金玉滁菊等。

（七）以现代科技命名

这种方法命名具有时代感，使消费者有现代、时髦等感受，如 SOD 苹果等。

第三节　农产品品牌的推广

随着农产品市场竞争的不断加剧，消费者逐渐对品牌农产品表现出认同和信赖，农产品市场期待着更多农产品品牌的涌现，而农产品品牌的塑造与品牌推广密切相关，缺乏品牌推广的农产品很难得到市场的认可。品牌推广，即品牌宣传，是品牌建设的最终目的。

企业通过品牌推广将品牌最终送到消费者手中，从而实现品牌价值。品牌推广促使消费者决定购买某产品，是农产品市场营销的基础和动力，是传递农产品价值、塑造品牌个性、培育农产品品牌知名度和美誉度的重要手段。鉴于农产品本身的特点和农产品品牌塑造的特殊性，笔者着重对影响农产品品牌推广的要素进行分析，以便为农产品品牌的成功推广提供借鉴。

一、农产品品牌推广的重要性

（一）推进现代农业社会化、市场化、商品化和专业化的发展

推广农产品品牌使其适应现代社会发展的需要，符合农业产业化生产组织方式的要求，适合农业生产专业化、商品化的特点，为改变传统农业的"弱质性"、形成优势产业创造了条件。

（二）降低农产品的生产和运营风险

我国传统农业是小农经济结构，以户或村、组为单位分散经营，技术操作流程及生产加工流通环节由生产者或经营者人为控制，缺乏制约和标准，随意性较大，农产品经营面临着较大的自然风险和市场风险，且其抵御风险的能力比较差。借助品牌推广提升农产品知名度和美誉度，有利于稳定农业生产、降低市场风险、提高农民的收入。因此，应该提高农民的素质，加强农业产业化的管理，提高农产品的质量，打造品牌农业，以降低产品运营中的风险。

（三）提升农业企业的市场竞争力

品牌推广有利于传递农产品品牌的核心价值，提升农业企业形象，提高农业企业的竞争力。同时，品牌推广使农产品生产商、分销商、服务商等供应链合作伙伴的联系更为紧密，从而提高农产品销售的市场效率。此外，品牌推广促使农业企业注册商标、申请专利，有效地排斥了竞争对手的进入，最终提升了农产品的市场竞争力。

（四）增加消费者的顾客让渡价值

一方面，品牌推广为消费者提供甄别农产品质量的重要标识，节约消费者的购物时间和精力，从而节省消费者的消费成本；另一方面，农产品品牌提升了农产品的产品价值和

形象价值,提高了消费者的满意度。

二、农产品品牌推广的主要方式及决策因素

(一)农产品品牌推广的主要方式

品牌推广策略包括推式策略和拉式策略。推式策略即把农产品由生产商转向批发商再转向零售商,最后由零售商将农产品销售给消费者。其中,人员推销是主要的推广手段,广告、公关和促销是辅助手段。拉式策略通过树立良好的品牌形象使消费者产生购买欲望,使消费者面向零售商的购买需求逐层向上,传递给批发商和生产商。其中,广告和促销是拉式策略的主力。

(二)影响农产品品牌推广的决策因素

1. 目标定位

品牌推广方式必须与品牌目标定位一致。任何一个品牌推广的进行,都必须明确产品的目标消费者,有针对性地对消费者进行教育、影响,甚至直接说服其购买产品。为提升推广效果、扩大品牌的知名度,必须找准目标消费群体。例如,高档的农产品品牌,一般价格都比较高,其目标消费群体应多为高收入阶层或者社会声望和地位都比较高的消费阶层。

2. 产品类型

农产品可分为消费型农产品和再加工型农产品两大类。消费型农产品是指供消费者个人或家庭消费的农产品,其品牌推广应以广告为主,其他方式为辅;再加工型农产品是食品加工企业、餐饮企业等组织机构满足其再生产、再消费或组织机构运作需要的农产品,其品牌推广应以人员推销为主,其他手段为辅。

3. 产品生命周期

通常情况下,在导入期,应以报道式的广告为主,促销为辅,鼓励消费者尝试使用新产品,旨在提高产品品牌的知名度。在成长期,消费者对品牌的认知水平大大提高,应加大广告促销力度,促使消费者购买,重在提高产品品牌的美誉度。在成熟期,推广重点应转变为提醒老顾客重复购买,维持较高的销售水平。

4. 产品包装

包装是品牌形象的重要组成部分,不仅是品牌形象的直接体现,也是品牌持续传播的

主要载体。粗俗、简陋、毫无特色的包装无助于促销产品，且极大影响产品的品牌形象；精美、灵巧、实用、特色鲜明的包装一旦与产品的特性相适应，便会直接激发消费者的购买欲望，甚至消费者在使用后也舍不得扔掉，这样才能使产品包装发挥更为持久的促销作用。长期以来，农产品销售一直对包装不够重视，存在着"一流产品，三流包装"的普遍现象，这也是许多农产品利润较低、品牌效应难以发挥的主要原因。

5. 推广预算

如果品牌推广的投入过低，不仅宣传范围会受到限制，而且宣传效果也会大打折扣；如果投入过高，超出企业的预算或承受能力，虽有可能获得一些促销效果，但会增加成本、降低利润。因此，农业企业的品牌推广费用必须与企业的实力相匹配，做到量力而行。运用有限的推广预算发挥最理想的推广效果是制定推广策略的关键。

三、农产品品牌推广的战略模式

（一）口碑传播

农产品消费是重品质的消费，而品质只有经过体验才能被感知。感知的效果因人而异，只有满意的产品顾客才会积极地做宣传，才能为品牌推广做贡献。因此，口碑传播成为农产品品牌推广的最有效的手段之一。口碑传播就是让对产品满意的人将产品推荐给亲朋好友，在与亲朋好友进行交谈的时候，人们都是没有戒心的，信息可以直接到达受众的心底。口碑传播是人们面对面的沟通方式，是最直接、最高效的信息传播方式，容易成为一个"圈子"中一个时间段的谈论话题。其说服力比广告、公关及其他任何推广方式的说服力都要强，这也是终端推广乃至企业推广的最高境界，即"让别人主动为你说好话，让消费者为品牌做推广，而且不需要付出任何代价"。因此，口碑传播可以作为终端推广的永恒目标。口碑传播的要点是产品品质好，并且有意识地对产品特点进行总结，最好将其概括成朗朗上口或者易懂易记、幽默风趣的传播语言。

（二）广告

大众传媒是农产品品牌推广的主要工具。在品牌推广时，要根据农产品的市场定位确定产品优势，准确把握消费者的真正需要，卖点要鲜明，引导和影响消费者对农产品的认知、偏好以至最终的选择。一般来说，在进行广告推广时，广告诉求的对象应与产品的目标消费者一致，广告推广方式应与产品的传播特点一致，广告推广组合应与目标市场的要求一致，广告推广应与产品生命周期同步，并选择目标顾客的最佳接受时间。

广告主要包括以下几种形式：第一，四大媒体广告。报纸广告覆盖面广、成本低廉，适合品牌农产品的长期宣传；杂志广告图文并茂、针对性强，可以凸显品牌农产品的质量档次；广播广告制作简单、目标受众的文化层次不受限制，在乡镇区域的传播效果尤为显著；电视广告生动立体，在注意度和记忆度方面具有独特优势。第二，售点广告。售点广告设置于商店的柜台、天花板、地板等处，可以美化购物环境，提醒消费者认牌购买。第三，包装广告。包装广告有利于保护农产品，防止其在物流过程中变质腐烂；包装可以成为品牌标识的载体，吸引消费者注意并形成偏好。第四，网络广告。网络广告是近些年发展十分迅速，而易受年轻人关注的媒体形式，具有明显的非强迫性、交互性、实时性、经济性、形式多样性、易统计性等特征，有利于弥补农产品市场信息不对称等方面的不足，拓宽农产品品牌的传播空间。很多地方政府和企业利用网络推广农产品，已经取得了非常明显的效果。

（三）公共关系促销

公共关系促销通过塑造企业的形象，提高企业或产品的知名度和美誉度，给公众留下积极美好的印象，间接促进产品销售的品牌推广方式。适合农产品品牌推广的公关策略主要有以下几种类型：第一，主题活动。在重大事件、体育赛事或纪念日，举办庆典、比赛、展览会、演讲等专题活动，加强与公众的沟通，向公众传递企业动态，扩大农产品品牌的影响力。第二，公益活动。企业可以通过赞助或向教育、环保、公益事业进行捐赠的方式赢得公众好评，树立良好的品牌形象。第三，媒体报道。新闻、专题报道、现场采访等媒体报道具有较高的权威性、真实性和知识性。公共关系促销虽然见效慢，但对品牌形象的塑造和传播却极为有效，运用巧妙的语言，往往有事半功倍的效果。

（四）人员推销

人员推销是企业的销售人员当面或通过其他沟通手段向具有购买欲望的消费者介绍并推销商品的推广方式。品牌推广需要建立强大的营销队伍，重视队伍人员的招聘、培训、评估和激励，并且注重人员推销技巧的运用，通过展示、演说等方式，积极传递品牌信息，与消费者建立长期的客户关系。

（五）实地推广

消费者对农产品的天然状态、原产地十分感兴趣，似乎只有原产地的东西才最正宗，因此许多人喜欢借旅游、出差、路过之机到原产地购物，甚至有些人专程到原产地购买产品。因此，利用原产地的优势进行品牌推广十分重要。由于许多农产品具备地域特征，目前农产品组织化的程度还较低，品牌保护意识还比较淡薄，一旦某个地方的农产品出了名，附近的同类产品便会"攀龙附凤"，导致鱼龙混杂、良莠不齐，影响农业企业的发展。

（六）促销

1. 面向中间商的促销

该促销具体包括以下内容。第一，免费提供陈列样品。生产商应经常向中间商提供陈列样品。第二，订货折扣。批发商和零售商在规定期限内订购品牌农产品超过一定额度时，可以享受折扣优惠。第三，推广资助。应给予中间商一定的推广津贴或推广物资。第四，销售竞赛。在批发商和零售商中发起销售品牌农产品的竞赛，给予优胜者奖金。

2. 面向终端消费者的促销

农产品无论是采用直营还是利用中间商网络进行促销，最终都要通过终端进行产品的展示和销售。终端产品展示的形象直接影响消费者的购买欲望和购买行动。因此，农业企业必须重视渠道终端现场的品牌推广工作。终端品牌推广集中体现在品牌宣传、品牌展示、摆放位置、促销介绍等方面。在促销时，产品包装至关重要；选择合适的摆放位置，集中大量摆放统一品牌的产品也会产生较强的视觉冲击力；促销员用得体的介绍充分展示产品的卖点，传播品牌的文化内涵，是品牌推广的有效手段。

面向终端消费者的促销可以采取以下方式。第一，赠送样品。采用上门派发、商店提供、随产品附送等方式，让消费者体验品牌农产品的价值。第二，购买奖酬。消费者购买一定数量的品牌农产品可以获得相应的奖励，包括赠品、返现等形式。第三，捆绑销售。将品牌农产品与其他产品配套出售，售价低于单件商品单独出售。第四，现场试尝。在销售现场邀请消费者免费试尝，提高消费者对品牌农产品的认知度。

第四节 农产品品牌价值的评估

当市场竞争由产品竞争阶段进入品牌竞争阶段，品牌价值便成为衡量企业综合实力的主要标准。出于不同的目的，越来越多的企业和机构开始重视对产品品牌价值的评估。这种价值评估不仅要反映产品品牌目前的市场价值，而且应该体现品牌的发展潜力价值。在我国农业领域，农业产业化的发展带来农业生产的规模化和标准化，为品牌战略的实施奠定了基础。同时，农业产业管理的发展，使我国的农产品走出了短缺时代，农产品质量的差异愈发明显，农产品市场竞争更为激烈。因此，进行农产品品牌价值评估具有更为深刻的内涵。

一、农产品品牌价值及评估的内涵

品牌价值是品牌管理的核心要素，也是某一品牌区别于同类竞争品牌的重要标志。"品牌的资产主要体现在品牌的核心价值上，或者说品牌核心价值是品牌的精髓。"品牌作为一种无形资产之所以有价值，不仅在于品牌形成与发展过程中蕴涵的沉淀成本，而且在于其是否能够为相关主体带来价值，即是否能够为其创造主体带来更高的溢价及稳定的收益，是否能够满足使用主体的情感和功能效用。因此，品牌价值是企业和消费者相互联系、相互作用形成的系统概念，体现在企业通过对品牌的专有和垄断获得的物质文化等综合价值、消费者通过对品牌的购买和使用获得的功能和情感价值上。

品牌价值的基础是产品或服务的质量，以及品牌为消费者提供的附加利益，是一种超越生产、商品、有形资产的价值，是生产经营者垫付在品牌方面的成本，是品牌竞争力的直接表现。

农产品品牌价值是指"农产品品牌给农产品或农业服务项目带来的超越其功能效用的附加值或附加利益，这种附加值或附加利益表现为农产品品牌给农业企业和顾客提供超越产品或农业服务项目本身利益之外的价值"。

农产品品牌价值评估是指根据特定的评估目的，在充分考虑农产品品牌特点的基础上，由专门机构和专业人员依据国家相关的法律、法规、规章及制度要求，运用科学的评估方法，遵循公平原则，以货币为计量单位对农产品品牌进行全面系统的评定估算，以确定农产品品牌的价值。这种评估具有动态性，是一种带有鉴定功能的社会经济活动，是对特定主体拥有的农产品品牌进行验证、审核、评定、估算的过程，其结果不仅反映了品牌本身的价值，还体现了主体的综合实力。正确理解农产品品牌价值评估，可以从以下几个方面把握。

（一）农产品品牌价值评估是一个动态的过程

首先，进行农产品品牌价值评估不仅要考虑产品品牌的形成过程，而且要结合品牌的发展潜力评估其市场价值。原始成本的积累对品牌价值的形成固然重要，但发展潜力更能反映品牌的潜在价值，体现品牌的综合实力。其次，在市场竞争日趋激烈的前提下，消费者对产品的要求越来越高，因此进行农产品品牌价值评估不可能在静态条件下完成，农产品本身的特点及其所处的不断变化着的市场环境,决定了农产品品牌价值评估必然是一个动态的过程。农产品的差异性对评估工作提出了不同的要求,导致对品牌进行评估的侧重点有所不同。市场环境的变化是对评估工作的考验,评估人员需要根据不断变化的环境,评估农产品品牌的实时价值。

(二) 农产品品牌价值评估是一种社会化经济活动

进行农产品品牌价值评估的目的主要有两个:一是企业为了明确市场定位,确定该产品品牌在行业中的位置,需要评估产品品牌的市场价值,制订相应的发展计划;二是品牌主体出于交易的目的对品牌价值进行评估,这种评估必须经由第三方机构,而不是仅由交易双方中的某一方进行评估。对于农产品来说,其社会价值往往备受关注,因而无论是基于哪种目的的评估,都必须考虑该产品对社会的贡献及消费者对该产品品牌的认同。除此之外,进行农产品品牌价值评估要遵循公平原则,依据国家相关的法律、法规、规章及制度进行品牌价值评估。因此,农产品品牌价值评估不仅是企业内部的管理活动,在一定意义上还是一种社会化的经济活动。

(三) 农产品品牌价值评估反映了农产品品牌的综合价值

随着科学技术的快速发展,作为农业大国,我国农产品的生产与加工技术日趋成熟,农产品质量越来越高。消费者需求的不断增长对农产品的发展提出了更新、更高的要求。农产品市场是一个具有巨大发展潜力的市场,农产品品牌价值评估应该体现其发展潜力价值。因此,农产品品牌价值评估不仅需要评估品牌的当前市场价值,还需要反映基于过去、现在和未来状况的品牌综合价值。随着人们环保意识的增强,在对农产品品牌进行评估时,人们不仅关注该产品的经济价值及社会价值,还关注其生态价值。从这个意义上来讲,农产品品牌价值评估应该是对农产品的经济价值、社会价值及生态价值进行的综合价值评估。

(四) 农产品品牌价值评估体现了所有者的综合实力

品牌是所有者经济价值的体现。对于企业来说,品牌是企业的无形资产。品牌价值的不同造成产品差异,因而构成对市场的垄断,形成本品牌的竞争优势。农产品品牌所有者的特殊性决定了对农产品品牌进行评估需要综合考虑各方面的影响因素,包括经济活动、社会环境、生态环境等方面的因素,这些因素从不同角度反映了品牌所有者的综合实力。因此,农产品品牌价值评估过程是对农产品品牌进行验证、审核、评定、估算的过程,其结果不仅反映了品牌本身的价值，而且体现了所有者的综合实力。

二、农产品品牌价值评估的指标体系

建立完善的农产品品牌价值评估机制并非易事，因为农产品品牌价值可以量化的评估指标不多。不过，尽管某些指标与农产品品牌价值之间不一定存在必然的联系，但是为了全面评估农产品的品牌价值，必须建立一套可行的品牌价值评估指标体系。一般情况下，农产品品牌本身具备不同于一般产品品牌的特性，因此在构建指标体系的过程中要考虑农产品品牌的特性。另外，由于企业经营范围和性质的不同，农产品品牌价值评估指标体系不可能适用于所有农业企业，即便是在同一个领域，还会存在企业规模不同等问题。因此，在使用这一评估指标体系时，需要根据实际情况对评估标准进行必要的调整，以达到预期效果。

（一）指标体系的构建原则

针对不同种类的农产品，选用的农产品品牌价值评估指标相同。在选择指标时，如果指标选取不全面，可能会遗漏某些重要的指标，有损综合评估的客观性、全面性；如果指标选取过多、范围过大，则会有损综合评估的具体性、针对性。因此，建立农产品品牌价值评估指标体系必须遵循一定的原则。

（1）科学性原则。对农产品品牌价值的评估，首先要本着科学的态度，保证待评估对象与所收集的材料之间存在因果关系，或者存在直接影响。

（2）系统性原则。指标体系应全面反映评估对象的真实水平，要根据评估对象的实际情况，综合使用定量指标与定性指标、绝对指标与相对指标、趋上优指标与趋下优指标、现实指标与潜在指标。

（3）可行性原则。尽管很多指标都不足以反映农产品品牌价值的特点，而有些理想化的指标，理论上能准确反映农产品品牌价值的特点，但这些理想化的指标所依赖的基础信息，在目前条件下无从收集。在这种情况下，需要选取可操作的、接近客观真实的指标。当然，不能排除有些信息在当下的技术条件和社会环境下无法收集的情况，但随着技术和社会的发展，收集这些信息不仅将变得可能而且十分便利，那么接下来要做的仅仅是修正指标体系。

（4）针对性原则。反映农产品品牌价值的指标要少而精，应选择具有代表性的指标，全面反映农产品品牌的价值。

(5) 独立性原则。每个指标必须单独地反映评估对象某一方面的水平，同一层次的指标不应有包含关系，以避免指标间信息的重复。

(6) 动态性原则。由于农产品所处的市场环境是动态的，消费者需求也是动态的，因此评估指标体系也应具有动态性，评估动态性的要素时应尽量使用相对指标，保持时序上的可比性，从而做到实时评估。

(7) 定量与定性相结合的原则。积极采用定量指标，但这并不意味着否定定性指标的作用，此举只是为了尽量避免人为因素的干扰，提高评估指标体系的客观性。

(8) 结构层次性原则。按照指标间的隶属关系，应将指标体系分为目标层、准则层和指标层三个层次。应区别于系统性原则的整体性，注重指标体系的层级结构。

（二）评估指标体系的构成

农产品品牌价值来源于农产品质量的差异性和品牌产品的市场认知率、市场占有率。不同质量的农产品具有不同的增值获利能力，这种增值获利能力是通过消费者认知、认可形成的。农产品品牌的增值获利能力是农产品品牌价值的表现形式，按照农产品品牌价值评估的侧重点分为市场价值、消费者价值、生产者价值和生态价值四类。

1. 市场价值

市场价值反映了在使用某品牌的现有业务领域中品牌创造的价值，即品牌为企业带来的价值增值、能创造的未来收益，可以将其描述为一个绝对价值，受市场占有率等市场因子的影响。在产品或服务的营销和推广过程中，品牌自身逐渐变成具有一定经济价值的无形资产，能够给企业带来长期收益。

2. 消费者价值

消费者价值表现为品牌对于消费者心理和行为的影响，主要是指建立、保持并发展某一品牌与消费者的长期关系给企业带来的价值。因此，品牌的消费者价值实际上是一种关系价值，是一个相对的概念，是一个以消费者为中心的概念。品牌经营的策略是经营关系的理论基础。借助品牌营销，消费者（包括潜在消费者）的心理和行为发生变化，品牌成为影响消费者决策的重要因素。

3. 生产者价值

生产者价值是指现有品牌对于农产品或农产品加工原料的提供者——农民进行农业活动的心理和行为的影响。这种影响的直接表现是现有品牌的运营能否增加农民的收入，其反映的是品牌与农民之间存在的相关关系。农产品品牌的运营不仅可以为农业企业带来经济利益，而且会增加受其影响的农民的收入。农产品品牌的这个特征应该在品牌资产评估中得以体现。在现有的理论基础上，品牌的生产者价值可以通过计算农户数与收入增长获得一个具体值。

4. 生态价值

生态价值是评估农产品品牌时需要考虑的特殊价值，它是由农产品的特殊性决定的，反映出农产品品牌对生态环境的影响。生态价值体现了品牌产品的生产、消费过程与生态环境的关系。品牌生态价值实质上是一种关系价值，在注重环保的现代社会，这种关系价值对品牌价值的整体影响越来越大，可将其视为经济社会不断发展的产物。农产品品牌的健康成长有利于实现农业资源的合理利用，对生态环境的保持与建设相对有利。农产品的特性决定着在农产品品牌运营过程中需要考虑产品对生态环境的影响，无公害品牌、绿色品牌逐渐受到社会的重视。

在农产品品牌价值评估指标体系中，根据企业不同的产品特点，可以选择不同的指标组合，指标的选择对于获取有效的评估结果尤为重要。

经过品牌价值评估，如果产品体现出市场价值、消费者价值、生产者价值和生态价值四个表现形式中的一个，那么既可以使用表现形式对应的具体指标，也可以适当地选择其他表现形式内的指标作为补充。如果为使待评估的产品品牌体现的价值更加全面，而且不能完全与表现形式相对应，那么就要根据企业的实际情况在各表现形式中进行选择。例如，在评估农产品品牌的市场价值时，可以选择预期收益、市场占有率、市场扩张速度、利润率、销售利润增长率、资产负债率等指标；在评估农产品品牌的消费者价值时，可以选择预期收益、价差效应、消费者感受度、营养指数、是否为无公害产品、品牌知名度、消费者满意度、消费者忠诚度等指标；在评估农产品品牌的生态价值时，可以选择预期收益、每亩耕地化肥的施用量、废弃物处理程度等指标；在评估农产品品牌的综合价值时，要根据产品品牌自身的特点及其市场经营状况选择合适的指标，然后进行综合评估，确定最终的评估结果。

需要强调的是，指标选择过多会使评估过程繁杂冗余，最终可能会低估农产品品牌的价值；指标选择过少则可能夸大农产品品牌的价值。因此，评估指标的数量应根据情况适当选择。

总之，指标体系只是提供了一套比较系统全面的指标集合，它不是静态的、一成不变的，而是根据农产品的种类和评估目的实时地进行调整和选择。也正是由于农产品所处的市场环境是动态的，对农产品品牌价值进行评估也应该是动态的，因此，评估指标的选择就具有特别重要的意义。

（三）评估指标值的获取

评估指标值既有定性指标又有定量指标，为了保证指标值的连续性、真实可靠性，并且最大限度地接近企业的真实值，应设置专人或者专门机构（如企业的市场部、财务部等）负责，按照规定的时间（如按月或者按季度）收集并整理各类指标。对于定量指标，其指标值可以通过企业内部的统计、财务、企业管理、售后服务及信息管理等部门获取，也可以进行经常性的调查，通过抽样调查的方式获取，如顾客满意度等指标；个别指标可以通过问卷调查法获取，如品牌知名度和企业知名度等指标。对于指标体系中的定性指标，需要借助第三方评估机构或者专家评级打分，再根据必要的转换才能获取，如社会影响力等指标。最后，为了便于不同评估方法的使用，反映不同指标的优劣程度，需要对各个指标值进行无量纲化处理。

三、农产品品牌价值评估的方法

农产品品牌价值评估的方法按评估要素分为单项评估法和综合评估法两类。单项评估法是指评估项目要从品牌评估体系中选择一项或几项，如只评估某一品牌的市场价值或消费者价值。品牌价值评估的综合评估法是对品牌的综合价值进行评估的方法，评估项目为某一品牌的整体价值，从整体上反映品牌的资产价值和附加价值。

（一）单项评估法

1. 品牌市场价值的评估

品牌市场价值指标体系由品牌的预期收益、市场占有率、市场扩张速度、利润率、销售利润增长率、资产负债率组成。其组成要素都是品牌经营带来的收益，是一种能够实现准确计算的绝对价值。因此，品牌市场价值的评估可以通过设置相应的绝对指标来进行。

（1）预期收益。该指标反映品牌的获利能力，是指某品牌在预期获利年限内的收益额。该指标确定的难点在于如何分离出品牌带给企业或农户的收益，一般认为品牌的销售收益分成率大约为62.5%。计算公式如下：

$$预期收益 = 预期销售收益 \times 销售收益分成率$$

（2）市场占有率。该指标在一定程度上反映了某品牌的产品在市场中的地位，是该品牌产品的销售收入与行业内同类产品的销售收入总额之比。计算公式如下：

市场占有率＝某品牌的销售收入/行业内同类产品的销售收入总额×100%

（3）市场扩张速度。该指标是评估产品品牌的成长状况和发展能力的重要指标，是本期市场占有率与前期市场占有率之比。计算公式如下：

市场扩张速度＝本期市场占有率/前期市场占有率×100%

（4）利润率。该指标反映品牌的综合盈利能力。计算公式如下：

利润率＝品牌利润总额/品牌销售总额×100%

（5）销售利润增长率。该指标是本期销售利润增长额与前期销售利润的比率。利润是一项综合指标，既反映了产品的增长，又反映了质量的提高、消耗的降低。计算公式如下：

销售利润增长率＝本期销售利润增长额/前期销售利润×100%

（6）资产负债率。该指标是负债总额与资产总额的比率，用于衡量企业负债水平的情况，反映品牌的后期成长状况。计算公式如下：

资产负债率＝负债总额/资产总额×100%

为了使评估结果更为客观，上述指标除预期收益外，其余五项指标均采用近3年数据的算术平均值。由专家根据与行业平均水平对比进行打分，最终分数采用各位专家打分的算术平均值。

2. 品牌消费者价值的评估

品牌的消费者价值绝大多数都是用定性指标来衡量的，难以精确量化计算。对消费者价值的量化评估只能通过设置相对指标来进行比较研究。综上所述，消费者价值评估指标包括价差效应、消费者感受度、营养指数、是否为无公害产品、品牌知名度、消费者满意度、消费者忠诚度等指标。

（1）价差效应。该指标反映消费者对品牌产品价格的评价，通过同类产品的对比，消费者会对某品牌产品的价格有一个清楚的认识，从而对价格的合理程度进行判断。计算公式如下：

价差效应＝（某品牌产品销售价格−同类产品平均销售价格）/同类产品平均销售价格

式中，同类产品的平均销售价格采用有代表性的3个品牌产品的平均售价。价差效应值若在0以下，则品牌价差效应为100分；价差效应值若在0与1之间，则品牌价差效应为50~100分；价差效应值若在1以上，则品牌价差效应为50分以下。

（2）消费者感受度。该指标反映消费者对某品牌产品属性的真实感受，譬如对食用农产品可口程度的评价，可以采用市场调查的方法，随机抽取 1000 人，对使用某一品牌的消费者不同感受程度的人员数量进行统计。计算公式如下：

$$消费者感受度 = \sum 不同感受度等级消费者数量/1000 \times 感受值$$

式中，感受值即感受层次分，80~100 分为感受强，60~80 分为感受较强，40~60 分为感受中等，20~40 分为感受较弱，0~20 分为感受弱。

（3）营养指数。该指标反映消费者对某品牌产品营养价值的评估，将产品的主要营养成分含量与同类产品营养成分的平均含量进行对比，消费者会对某品牌产品的营养价值有一个清楚的认识。计算公式如下：

$$营养指数 = 某品牌产品营养成分含量/同类产品营养成分平均含量$$

式中，同类产品的平均含量采用有代表性的三个品牌产品营养成分含量的平均值。营养指数：不足 0.5 为营养指数低；0.5~1 为营养指数中等；1 以上为营养指数高。

（4）是否为无公害产品。该指标反映某品牌的安全性是否符合国家有关标准，该指标为二元指标，取值为"0"或"1"。"0"赋值 0 分，"1"赋值 100 分。

（5）品牌知名度。该指标表示某品牌在市场上的知晓程度，反映消费者认出或想起某一品牌的能力，既包含了品牌与产品之间的关系，如产品质量、价值、用途、声誉等，又包含了企业营销和传播活动的结果。通常采用市场调查的方法，随机抽取 1000 人，对某一品牌能认出或想起的人员数量进行统计。计算公式如下：

$$品牌知名度 = 认出或想起某品牌的人员数量/1000 \times 100\%$$

（6）消费者满意度。该指标反映了消费者在购买某品牌产品后对产品质量、功能和社会价值的满意程度。也可采用市场调查的方法，随机抽取 1000 名消费者，对消费者认为最满意和最完美的品牌的人员数量进行统计。计算公式如下：

$$消费者满意度 = 认为最满意和最完美的品牌的人员数量/1000 \times 100\%$$

（7）消费者忠诚度。该指标反映了消费者偏好转向另外一个品牌的可能程度。可以用 1000 名消费者中重复购买某品牌的消费者的比率来表示。计算公式如下：

$$消费者忠诚度 = 重复购买某品牌的消费者数量/1000 \times 100\%$$

3. 品牌生产者价值的评估

品牌生产者价值指标体系由受品牌影响的农户数、受品牌影响的农户数增长率、每户农户因品牌而产生的平均额外收益、耕地面积增长率组成。品牌生产者价值反映的是品牌给农户带来的稳定收入，可以设置相应的指标计算出可供参考的绝对价值。

（1）受品牌影响的农户数。该指标是与品牌产品有直接关系的农户数量，一般为初级农产品的种植者或加工农产品原料的种植者。

（2）受品牌影响的农户数增长率。该指标是反映品牌对农户影响扩大程度的指标，用本期受品牌影响的农户数和前期受品牌影响的农户数的差与前期受品牌影响的农户数的比率表示。计算公式如下：

受品牌影响的农户数增长率=（本期受品牌影响的农户数-前期受品牌影响的农户数）/前期受品牌影响的农户数×100%

（3）每户农户因品牌而产生的平均额外收益。该指标是农户在品牌带动下与无品牌带动时获得的收益之差。计算公式如下：

每户农户因品牌而产生的平均额外收益=品牌带动下的收益-无品牌带动时获得的收益

（4）耕地面积增长率。该指标是本年某品牌农产品的耕地面积增长量与上年耕地面积之比，反映农户继续种植该产品的积极性。计算公式如下：

耕地面积增长率=（报告期耕地面积-上一期耕地面积）/上一期耕地面积×100%

4. 品牌生态价值的评估

环境污染和资源短缺给农户及企业带来巨大的经济损失，维护环境需要支付大量环保费用，生态价值理论应运而生。该理论要求承认清洁的空气、干净的天然水，肥沃的土地、天然的森林和其他资源具有价值。生态价值是在自然物质的生产过程中产生的。它是"自然—社会"系统的共同财富。生态价值是建立在环境质量程度和自然资源使用的保护程度之上的。

（1）每亩耕地化肥的施用量，即在农作物种植过程中使用化肥对水资源、土壤、大气造成的影响。

（2）废弃物处理程度，即产品加工过程中"废气、废水、废物"的处理程度。

未作说明的指标由专家根据经验判断指标的相对重要性，并对指标进行打分，最终分数的确定采用各位专家打分的算术平均值。

单项评估法在评估品牌价值体系每一要素时思路各不相同，对数据资料的要求也有所区别，因此对同一品牌的不同价值体系进行评估时，可能会得出让人难以理解的评估结果，这种结果往往无法说明某一农产品品牌的综合价值。

（二）综合评估法

农产品品牌的综合评估法主要涉及四项指标：农产品品牌的市场占有能力、超值创利能力、质量安全能力和未来发展能力。一个农产品品牌的综合价值可以用以下公式表示：

$$P = (M + S + Q) \times D$$

式中，P 表示某一农产品品牌的综合价值，M 表示市场占有能力，S 表示超值创利能力，Q 表示质量安全能力，D 表示未来发展能力。

1. 市场占有能力

农产品品牌的市场占有能力反映了农产品品牌的市场竞争能力，是衡量农产品品牌综合价值的重要指标，主要通过农业企业实现的营业利润指标来表示，计算公式如下：

$$营业利润 = 销售收入 \times 销售利润率$$

例如，某品牌农产品通过调查得知其销售收入为 180 万元，其销售利润率为 23%，则该品牌农产品的营业利润为：

$$180 \times 23\% = 41.4 \text{ 万元}$$

2. 超值创利能力

农产品品牌的超值创利能力是决定农产品品牌市场竞争力的另一个关键因素。农产品品牌只有具备了超出同行业平均利润水平的盈利能力，才能显示其竞争实力。否则，即使其市场占有率很高，也只能表现出一般的产业资本的盈利能力，无法显示出产品品牌的超值创利能力。农产品品牌的超值创利能力主要通过利润率差异和行业平均销售收入来计算。品牌利润率差异公式如下：

$$品牌利润率差异 = 某农产品品牌利润率 - 行业平均利润率$$

例如，如果某行业农产品平均利润率为 16%，某农产品品牌销售利润率为 23%，则该产品的品牌利润率差异为：

$$23\% - 16\% = 7\%$$

农产品品牌超值创利收益公式如下：

$$农产品品牌超值创利收益 = 该品牌利润率差异 \times 行业平均收入$$

上述举例中，如果行业平均收入为 28 万元，可得该农产品品牌的超值创利收益为：

$$28 \times 7\% = 1.96 \text{ 万元}$$

3. 质量安全能力

农产品品牌的质量安全能力表现在产业化状况，产地环境质量状况，肥料、农药、添加剂使用状况和产品加工、包装、运输、贮藏各方面，可以通过农产品品牌的质量安全能力收益来表示，计算公式如下：

$$农产品品牌的质量安全能力收益 = 农产品品牌的质量安全能力系数 \times 销售利润$$

式中，品牌农产品的质量安全能力系数由农产品品牌的产业化评价系数（0~1）、品牌农产品的产品产地环境质量评价系数（0.3~1.0）、品牌农产品的产品肥料、农药、添加剂使用状况评价系数（0.3~1.0）、品牌农产品的加工、包装、运输、贮藏评价系数（0.3~1.0）四类指标组成，由专家对这四类指标进行分析，在相应范围内给出数值，其四类指标数值之和就是农产品品牌的质量安全能力收益。

上述举例中，如果某农产品品牌的质量安全能力系数为 0.7，销售利润为 41.4 万元，则该农产品品牌的质量安全能力收益为：

$$41.4 \times 0.7 = 28.98（万元）$$

4. 未来发展能力

农产品品牌的未来发展能力在农产品品牌价值评估中是一个不可忽视的因素。它是指农产品品牌的发展潜力，其意义在于判断品牌未来能否为企业带来超值利润。农产品品牌的未来发展能力表现为农产品品牌的未来发展能力倍数，用数值来表示。其决定因素有七个方面：农产品品牌的市场影响能力、农产品品牌的生存能力、农产品品牌的市场竞争能力、农产品品牌的市场辐射能力、农产品品牌的行业趋势力、农产品品牌的产品美誉度、农产品品牌的知名度。这七项指标，每一项的倍数都在 1~3，通过这七项指标的分析，可以得出农产品品牌的未来发展能力倍数，农产品品牌的未来发展能力倍数为这七项指标之和，所以农产品品牌的未来发展能力倍数一般在 7~21。

上述举例中，经过分析计算，农产品品牌的未来发展能力倍数为 18。

根据综合评估法，该农产品品牌的综合价值计算式为：

$$\begin{aligned} P &= (M + S + Q) \times D \\ &= (41.4 + 1.96 + 28.98) \times 18 \\ &= 1302.12（万元） \end{aligned}$$

四、农产品品牌价值评估的程序

一套适合评估对象自身的、系统的评估程序，是有步骤、有计划地完成评估过程的保障。农产品品牌价值评估程序有以下五个步骤。

（一）确定评估目标

评估机构应该召集有关部门和人员，汇集企业相关部门的信息和数据，确定农产品品牌价值评估的总体目标。总体目标的确定有利于评估人员最终选择合适的评估指标；确定指标值，可以更加准确地评估农产品品牌的价值，避免因指标选取过多而影响最终评估结果。

（二）组成评估小组

评估小组的组成人员可以是大专院校的专家、学者，以及经济管理方面的专业人士，也可以是农业企业内部有经验的决策者及普通员工等。评估小组的任务主要有两个：一是对指标和评估方法的选择进行指导和监督；二是对指标值的确定和最终评估结果进行核实与分析。

（三）搜集整理指标值的相关资料

指标值的搜集整理，一方面，需要相关人员搜集企业各部门的统计资料和专家的意见；另一方面，评估小组要根据现实情况及时对资料的搜集整理工作提出建议，并要求补充资料或修正资料，以便指标值的最终确定。

（四）指标值的最终核实认定

评估小组要协助相关人员根据搜集到的相关资料确定各指标值，包括指标值的核实、认可与确定。

（五）计算评估结果

评估人员需要根据实际情况，以及评估对象自身条件选择合适的评估方法，方法选择过于复杂，对于工作人员及技术都有比较高的要求，不一定适用；方法选择过于简单，则不能达到预期的评估效果。

第五节　农产品品牌保护

一、农产品品牌保护的意义

（1）加强农产品品牌保护是促进传统农业向现代农业转变的重要手段。农产品品牌化是现代农业的重要标志之一。加强农产品品牌保护,有利于促进农业生产标准化、经营产业化、产品市场化和服务社会化,加快农业发展方式由数量型、粗放型向质量型、效益型转变。

(2)加强农产品品牌保护是优化农业结构的有效途径。随着人民生活水平的不断提高,社会对农产品品种、质量、安全、功能等提出了更高的要求。加强农产品品牌保护,能够满足消费者多样化、优质化的消费需求,有利于引导土地、资金、技术、劳动力等生产要素向品牌产品优化配置,从而推动区域农业结构调整和优化升级。

(3)加强农产品品牌保护是提高农产品质量安全水平和竞争力的迫切要求。通过加强农产品品牌保护,重点培育和打造区域农业名牌,有利于促进农产品质量安全整体水平的提高,形成一批具有市场竞争优势的品牌农产品。

(4)加强农产品品牌保护是实现农业增效、农民增收的重要举措。品牌是无形资产,打造农产品品牌的过程就是实现农产品增值的过程,加强农产品品牌保护,有利于拓展农产品市场,促进农产品消费,促进优质优价机制形成,实现农业增效、农民增收。

二、农产品品牌保护存在的问题

(一)品牌意识不强,农产品质量不稳定

一是部分农户的农产品安全生产意识淡薄。由于宣传力度不够、缺乏技术指导、农民自身素质不高等因素,部分农民对农产品生产过程中的病、虫、草情和畜禽疫情了解不够,对于科学、合理地施用化肥、农药等技术的要求知之甚少。发生了病虫害,有的凭经验办事,有的学别人防治,造成错用、乱用、滥用农药及其他投入品的情况屡见不鲜。二是少数经营者片面追求经济利益,以次充好。例如,正宗的浙江仙居三黄鸡在市场上受到消费者的青睐,价格也比同类产品高出不少。三黄鸡的养殖不仅要求野外放养、合理搭配饲料,而且对于养殖时间也有严格限定,一般至少要养殖120d才能保证品质。而少数经营者为了追求经济利益,从周边地区买来其他便宜的普通鸡种、使用含有激素的饲料喂养以缩短出栏期,有的甚至直接从外地冷库买来冷冻鸡冒充三黄鸡。

(二)法律意识不强,部分品牌仍未注册或防御注册

以广东省为例,广东省注册涉农产品商标近4万件,约占全省商标注册总量的11%。从全国范围来看,截至2006年年底,我国农产品商标注册量约为37万件,占全部商标注

册总量的13%，这说明我国部分农产品品牌仍未注册。另外，在防御注册方面这个差距还要更大一些。

企业也许认为注册商标会增加成本，而且企业现在的发展不是很好，名声也不是很大，也就没有必要进行严格的法律注册和保护。甚至还有的企业认为商标注册的费用非常高，程序非常麻烦。其实，商标注册不过几千元，程序也不是很复杂。只要企业有商标注册的意识，完全可以避免自己的商标被人抢注等情况。此外，对于某些知名品牌来说，仅仅进行注册已经不够，还要根据品牌的具体情况进行防御注册，以防止他人恶意假冒。当初，杭州娃哈哈在成名之后，就出现了娃笑笑、哈哈娃、娃哭哭等品牌。这些品牌让人啼笑皆非，但容易误导消费者，若不加以打击，肯定会影响品牌声誉。与此类似的是，四川的郎酒在成名之后，也招来了大量的"狼"，什么翠花郎、梨花郎等不一而足。有人戏言："一只川'郎'中了彩，十只川狼跟上来。"由此可见，为避免品牌在良性发展之后出现此类情况，企业应尽早将可能的类似商标进行防御性注册。在注册方面，我国的企业还应将眼光放得更长远一些，不仅要在国内完成所有可能的注册，还要在世界市场上进行注册。我国的企业，包括一些著名的商标都在国外遭受了被人抢注的厄运。例如，我国的红塔山香烟就在印尼遭到了抢注，使红塔山在整个东南亚地区的销售都受到影响。此外，我国绝大多数原产地名称都没有被注册成集体或证明商标，这给我国农产品品牌的建设留下无穷隐患。

（三）商标保护不规范

首先，这种不规范表现在品牌名与商标名不一致。部分企业对商标与品牌的关系并不是非常清楚。甚至有的企业认为必须要有一个商标名，然后再起一个品牌名。实际上这是大错特错的。商标名与品牌名本质上是完全统一的。商标名就是经过注册的品牌名，品牌注册就是为了使用商标对品牌进行保护。如果品牌名与商标名不一致的话，如何利用法律保护品牌？因为国家法律保护的是经过注册的商标名。

其次，一些地理标志没有得到相应的保护。长期以来，我国缺乏对原产地名称的保护意识，加之我国法律中一直没有针对原产地名称的明确法律规定。因此，在现实生活中，很多原产地名称被国内外企业随意滥用，从而使不少原产地名称逐渐演化为同类商品的通用名称或代名词。例如，我国景德镇陶瓷在国外经常被劣质陶瓷假冒；云南的大理石也成了一个通用商品名称，被他人随意使用。而国内一些在原产地范围内的企业由于看到原产地标志的巨大市场力量，将自己生产的、完全不符合真正具有原产地品质的商品在原产地标志下进行销售。这些行为使消费者对真正的原产地产品丧失了信心，影响了货真价实的原产地企业的利益。

最后，商标名称在商品包装上不醒目，商标名称与商品特征标识宣传强度差距大。在很多产品的包装上，经过注册的商标名往往以较小的字迹缩印在包装的左上角上，而未经注册的商品特征标识却以较大字体印在包装最显眼的地方。

（四）品牌侵权现象时有发生，政府保护力度不强

由于农产品经营者法律意识淡薄、农产品品牌所有者数量众多，经常发生品牌侵权现象。现在全国各地经常出现假冒伪劣产品，它们以低劣的质量和低廉的价格冲击市场，给真正的品牌产品造成直接经济损失。很多品牌在成名之后都受到了造假者的侵害。全国各地的零售店里总能不断发现假冒伪劣产品。农产品质量认证比较困难，加之假冒品牌产品以"游击战"的方式此起彼伏，国家工商部门，甚至某些当地政府，对造假行为没有行之有效的管理办法，导致假冒伪劣品牌的猖獗。

三、农产品品牌的保护策略

（一）加强农产品质量安全建设

"民以食为天，食以安为先。"质量是品牌的生命。如果一个农产品的质量有问题，那么它就得不到消费者的认可，就失去了在市场上赖以生存的基础，就不可能成为得到消费者信任的名牌产品。如果不重视产品质量，即使是名牌农产品也会被消费者淘汰。农产品大多是食品，其质量安全直接关系到消费者的身体健康乃至生命安全，可以毫不夸张地说，农产品质量安全是农产品品牌管理的基础。因此，对于农产品质量问题决不能掉以轻心。

切实加强农产品质量安全建设，应从以下三个方面着手。

首先，提高农民生产质量安全意识。把农产品质量安全建设作为农民培训教育工程的重点内容，通过培训让农民懂得农产品质量安全的重要性，了解农产品质量安全的操作方法和规程。

其次，加快各级农产品质量检测中心建设。精心组织、全面开展更为合理的农产品质量检测，加强"三品一标"（无公害农产品、绿色食品、有机农产品及农产品地理标志）质量认证工作，全面提高农产品质量水平和市场竞争力。

最后，切实加大农资市场和农产品市场的监管力度。工商、物价、卫生、质监等有关部门要切实履行职能，一方面，指导企业诚信经营，加强质量管理，防患于未然；另一方

面，做好对农产品质量和价格的检验监测工作，发现问题并及时予以解决，从根本上遏制制售假冒伪劣产品的违法犯罪活动。

（二）强化农产品品牌保护意识

企业管理人员应具备正确的品牌意识。部分企业之所以对品牌保护重视程度不高，其原因有两个方面：一方面是企业管理人员没有认识到品牌这一无形资产的价值所在，没有看到品牌给企业和消费者带来的利益；另一方面是企业管理人员还没有掌握市场经济操作规则和运行机制。首先，从市场角度来说，即使一个企业的产品质量非常优异，但如果消费者没有意识到该企业产品优异的质量，那么其市场效益也不会很高。信息的不对称使消费者不会购买他们不了解的产品，而是会购买他们熟知并信赖的产品。因此，一个企业要想做大做强，必须拥有自己的品牌。其次，要从思想观念上清楚地认识到市场经济是法治经济，一切经济活动都要按经济法律规则操作，没有品牌，产品就没有"名分"；没有商标，产品就没有"身份证"。

（三）依靠法律手段加强农产品品牌保护

农业企业创建和维护一个品牌需要付出代价成本，如果不注重维护品牌形象，往往容易使品牌受到不法分子的侵害。"市场未动，商标先行"是企业的经营之道。要想保护品牌、维护自身权益，企业必须进行商标注册。无论是企业品牌，还是产品品牌，只有进行商标注册才能取得法律上的保护。

根据相关商标法的规定，品牌一经注册，即获得商标权，对他人使用相同或相近的商标，注册人或企业可依法追究其法律责任。

在品牌商标权的注册中要注意以下三点。一是商标占位注册。实行"一标多品"注册，以取得所有商品的专有使用权，有利于防止竞争对手使用与自己相同的商标生产其他类别的产品。二是商标防御注册。防御性商标就是构筑在企业重点商标周围的一道"防火墙"。例如，知名品牌娃哈哈，不仅在国家商标局注册了娃哈哈品牌，还同时注册了一系列诸如哈娃娃等相似或可能被竞争对手窥伺的其他商标，哈娃娃就是娃哈哈的防御性商标。三是商标的国际注册。实施商标的国际注册有利于品牌进一步发展，进而走向国际市场。例如，五粮液在世界上的多个国家进行了注册，以保证该品牌在当地受到法律保护。

（四）成立企业的自律组织，互相监督侵害品牌权益行为

在实施品牌保护的过程中，之所以出现假冒农产品品牌的现象，是因为农产品生产者

的规模太小、数量太多。假如，一个食用鳖养殖户建立了一个品牌——寿源。由于其质量过硬，在市场中获得了较高的利润。在利润的驱使下，其他养殖户也开始在市场上叫卖寿源鳖，这种情况如何去管理？作为品牌的创立者，养殖户个人是无法当面找到那些假冒其品牌的人，即使找到了他也不能将对方怎么样。而且假冒者由于有利可图，还会以"游击战"的方式继续进行假冒行为。而作为市场管理者的政府工商部门，也没有合适的办法去辨别真正的品牌农产品。目前解决这一问题的最佳办法就是让农民自发成立一个自律组织，互相监督，形成一种道德风尚，即"注册品牌光荣，假冒品牌可耻"，并让他们进行自我管理。

（五）拓展市场自我保护

企业可以通过不断开拓市场，在假冒伪劣者没有占领市场之前，就一鼓作气地将产品销售到顾客所能接触的任何地方。这种积极的经营方式不给造假分子任何可乘之机，既抢占了市场，又打击了造假分子。

参考文献

[1] 张天柱. 现代农产品品牌建设与案例分析［M］. 北京：中国轻工业出版社，2021.

[2] 包乌兰托亚，李中华. 农产品营销与品牌建设［M］. 北京：中国林业出版社，2020.

[3] 赵晓玲. 农产品品牌管理［M］. 哈尔滨：黑龙江科学技术出版社，2022.

[4] 郭国庆. 市场营销学［M］. 北京：中国人民大学出版社，2018.

[5] 罗雪菲. 特色农产品区域公用品牌构建模式研究——以贵州省"三穗鸭"品牌为例［J］. 现代营销（经营版），2020（2）：128-129.

[6] 王海忠. 品牌管理［M］. 北京：清华大学出版社，2014.

[7] 许传波，陆远强，汤森龙. 农产品质量安全与农业品牌化建设［M］. 北京：中国农业科学技术出版社，2016.

[8] 马国宇，王继平. 农产品市场营销及品牌建设［M］. 北京：中国农业科学技术出版社，2015.

[9] 刘红岩. 农产品品牌建设和质量安全提升的理论与政策［J］. 农民科技培训，2017（6）：41-44.

[10] 陈瑶. 对我国农产品品牌建设的思考［J］. 农村经济与科技，2017，28（11）：60-61.

[11] 张明月. 浅忆我国农产品品牌发展［J］. 农村经济与科技，2017，28（9）：130-131.

[12] 王应民. 农产品品牌建设存在的问题及对策［J］. 乡村科技，2017（29）：43.

[13] 王豪勇，袁明，陈青松. 农产品品牌创建路径与实操案例［M］. 北京：中国市场出版社，2022.

[14] 张光辉. 农产品品牌建设案例精选［M］. 广州：暨南大学出版社，2022.

[15] 王文龙. 中国地理标志农产品品牌建设研究［M］. 北京：中国社会科学出版社，2018.

[16] 刘遗志，唐磊蕾. 农产品区域公用品牌建设理论与实务［M］. 北京：经济科学出版

社，2023.

[17] 张天柱. 现代农产品品牌建设与案例分析［M］. 北京：中国轻工业出版社，2021.

[18] 黄慧化. 乡村振兴背景下农产品品牌体系构建研究［J］. 现代农村科技，2023（10）：98-100.

[19] 王洪钦，王力甲，刘晨. 中国农产品品牌建设研究综述［J］. 农学学报，2022，12（12）：76-80.

[20] 周方舟，周捷勋. 乡村振兴背景下陕西特色农产品产业发展与品牌建设探究［J］. 质量与市场，2022（22）：125-127.

[21] 钱秋兰，彭丹. 乡村振兴背景下我国农产品品牌建设策略研究［J］. 江苏商论，2021（11）：19-21，28.

[22] 赵小军. 中国农产品品牌建设中存在的问题与解决措施［J］. 农业工程技术，2021，41（15）：69-70.